美 德 书

[美]贝内特◎等著

王睿◎译

北京联合出版公司
Beijing United Publishing Co.,Ltd.

图书在版编目（CIP）数据

美德书/（美）贝内特著；王睿译. — 北京：北京联合出版公司，2014.12
（2017.6重印）
（中小学生必读丛书）
ISBN 978-7-5502-4059-9

Ⅰ．①美… Ⅱ．①贝… ②王… Ⅲ．①品德教育－青少年读物
Ⅳ．①D432.62

中国版本图书馆CIP数据核字(2014)第258877号

美德书

出版统筹：新华先锋
责任编辑：喻　静
封面设计：点石堂
版式设计：李小兰

北京联合出版公司出版
（北京市西城区德外大街83号楼9层　100088）
北京鹏润伟业印刷有限公司印刷　新华书店经销
字数278千字　787毫米×1092毫米　1/16　20印张
2014年12月第1版　2017年6月第2次印刷
ISBN 978-7-5502-4059-9
定价：22.00元

序 言

　　本书旨在帮助人们完成一项伟大的工作：孩子们的道德教育。道德教育是要培养孩子的心智向善，它包括很多方面，涉及到生活中的规则和戒律——在我们的日常生活中，什么事情可以做，什么不可以做——也包括具体的指导、规劝以及训练。道德教育是为孩子提供良好习惯的训练。亚里士多德这样写道：幼年时养成的良好习惯可以改变人的一生。道德教育还要明确一个好的道德榜样的重要性。有人说，在孩子的漫长成长过程中，没有什么能比默默无声的榜样力量更加有力、更加有影响了。要想培养孩子拥有严肃的道德感，那么周围的成人必须时刻在孩子面前表现出严肃的道德感，因为孩子是用自己的眼睛认识世界，看到成人严肃的道德感的。

　　除了日常生活中的习惯、戒律和榜样以外，道德教育还要培养孩子掌握"道德文字"。本书汇集的各种小说和其他形式的文字就是为了让孩子们有一个学习这种道德文字的机会。本书的目的就在于让父母、老师和孩子们一起看到美好的道德究竟是什么样子的。它们是如何展现在现实生活中的，如何辩别它们，它们又是如何起到作用的。

　　其实，这本《美德书》是一本道德文字的"指南书"。如果我们希望我们的孩子能够拥有我们心中所崇敬的重要人物身上的所有美德，我们首先要做的就是教育我们的孩子认识这些美好的道德，让他们明白为什么这些道德是值得我们羡慕和模仿的。孩子们也要学会辨识这些美好道德的外在表现和具体内容。他们对这种道德文字至少要达到一个认识的水平，这种水平能令对自己未来的生活有一种深刻而又明确的认识，而且会像我们所希望的那样，能帮助他们生活得更好。

既然这样，我们能在什么地方找到可以帮助我们孩子的材料呢?答案其实很简单，我们根本不用重头做起，我们这里有丰富的材料可供家长和老师选择，差不多所有的学校、家庭和教堂，在帮助孩子们养成美好道德的过程中都采用过这些材料，其中的一些材料已经不再被人们所使用，当然，这些也在本书的收录范围之内。

大部分美国人都推崇"诚实守信、同情博爱、勇气和坚韧"这些基本的品格，它们都是美德。但是，由于人并不是生下来就拥有这些道德认知的，他们需要在漫长的成长岁月中学到这些美德到底是什么。我们可以为孩子提供关于美德教育方面的阅读材料，帮助他们认识并且崇尚这些美好的品格。我们可以邀请孩子们认真分析这些小故事、历史事件以及名人生平的基本道德含义。

在这本《美德书》里，囊括了许多精彩的美德故事，当然也汇集了一些相应的反面故事。本书就是把其中最优秀的、最古老的、最感动人心的故事的辑合在一起。

我们的孩子知道这些小故事、这些优秀的作品吗?很遗憾，他们当中的大多数人都不知道。因为那些故事和作品一直流传在我们的口中、我们的视界中，也有的消失了很久。现在，我把这些美德教育方面的小故事汇集成一本《美德书》，就是在挑起这副重任。

本书中的小故事清晰明了，直指人们的内心，唤起人们的道德感。它并不是一本让你一页页地从头看到尾的令你感到疲惫的书。它是一本供你放在案头随时翻阅的书，翻到你喜欢阅读的篇章后，可以做一些简单的标记，大声读给家人听，或是摘抄下其中的某些片段。在此，我希望父母和老师们能抽出一点时间来阅读本书，发现或是重新发现其中优秀的道德文字，以此来教育自己的孩子。

最后，我希望这本《美德书》是一本能够鼓舞人心的书。我们曾经读过一些书，生活中也经历过一些事情，它们并没有起到催人奋进的效果。我希望本书会与它们截然不同，希望它是一本能够催人奋进的书，

我希望它能令我们的孩子看到人性中"善"的一面。在这里，我要引用圣保罗的一句话："真实之事亦即荣耀之事，正确之事亦即纯洁之事，可爱之事亦即具有良好声誉之事，如果存在任何杰出或值得赞誉之事，就让你的思想停留在它们之上。"

我希望读者会投入极大的热情阅读本书，并把他们的思想永久停留在这些事情之上。

贝内特

目 录

第四篇　交流沟通

第五篇　刚毅果敢

第六篇　勇敢坚韧

第九篇　自理自律

第一篇
同情博爱

感恩的心

> 寻求快乐的一个很好的途径是不要期望他人的感恩，付出是一种享受施予的快乐。
>
> ——卡耐基

在一个闹饥荒的城市里，一个殷实而且心地善良家庭的面包师把城里最穷的几十个孩子聚集到一块，然后拿出一个盛有面包的篮子，对他们说："这个篮子里的面包你们一人一个。在上帝带来好光景以前，你们每天都可以来拿一个面包。"

瞬间，这些饥饿的孩子仿佛一窝蜂一样涌了上来，他们围着篮子推来挤去大声叫嚷着，谁都想拿到最大的面包。当他们每人都拿到了面包后，竟然没有一个人向这位好心的面包师说声"谢谢"就走了。

但是有一个叫艾丽斯的小女孩却例外，她既没有同大家一起吵闹，也没有与其他人争抢。她只是谦让地站在一步以外，等别的孩子都拿到以后，才把剩在篮子里最小的一个面包拿起来。她并没有急于离去，她向面包师表示了感谢，并亲吻了面包师的手之后才回家。

第二天，面包师又把面包的篮子放到了孩子们的面前，其他孩子依旧如昨日一样疯抢着，羞怯、可怜的艾丽斯只得到一个比前一天还

小的面包。当她回家以后，妈妈切开面包，许多崭新、发亮的银币掉了出来。

妈妈惊奇地叫道："立即把钱送回去，一定是揉面的时候不小心揉进去的，赶快去，艾丽斯，赶快去！"当艾丽斯把妈妈的话告诉面包师的时候，面包师面露慈爱地说："不，我的孩子，这没有错。是我把银币放进小面包里的，我要奖励你。愿你永远保持现在这样一颗平安、感恩的心。回家去吧，告诉你妈妈这些钱是你的了。"她激动地跑回了家，告诉了妈妈这个令人兴奋的消息，这是她的感恩之心得到的回报。

一个心中不知感恩的人，是永远不会满足的人，也是一个不懂得珍惜现在所拥有的人。怨天尤人是他们的习惯，嫉妒是他们内心的火焰，在这样的人心中，别人的成果与成功都是靠运气得来的。他们整天被怨恨的情绪所啃噬，搞得自己痛苦不堪。

而对生活怀有一颗感恩之心的人，即使遇到再大的灾难也能熬过去，因为他们懂得珍惜。那些常常抱怨生活，总爱发泄怨气的人，就算在人人羡慕的地方工作，在舒适的豪宅里居住，他们也不会感觉到幸福。

一个心怀感恩的人心中充满了美好，他会感激一切让他快乐的人和事。

一天，朋友向我讲述了她的小女儿——一个懂得感恩的小女孩的故事。她的女儿每天晚上临睡前都要回忆自己一天所经历的人和事，并要在心中默默"感激"三个人、三件事。

当然，这个任务是朋友安排给她的，因为她想让女儿从小学会看到人生美好的一切，并真心地感恩。一个常常感恩的人才会惜福，才会快乐，心灵才会圆满温润。

一天晚上，她的女儿练完琴很久也没有上床，呆呆地坐在那，不知在想着什么。她问女儿怎么了，女儿为难地告诉她，今天，她谢过了为自己剪指甲的奶奶，为她上琴课的老师，为她们班做卫生的钟点工以及老天没下雨……可是，还少一件事需要感谢，想来想去也想不出需要感谢什么了。

朋友看着女儿苦思冥想的可爱状，建议说："只要让你快乐的事，都值得去感激。"女儿看着她，一会儿脸上现出了开心的笑容。她说，妈妈种在阳台上的茉莉花开花了，这事令她最开心了，茉莉花那么香，那么美，她要谢谢花开了！

朋友为女儿的话感到非常开心，她说想不到女儿如此有心，而且诗意盎然。

听了朋友的讲述我也被她女儿的话感动了。6岁的小女孩已开始会感谢花开；等到秋天，她就会感激硕果；到了冬天，她一定会觉得富饶而感到满足。

✦心灵感悟✦

在这个世界上，没有谁对你的帮助是理所当然的，正所谓"滴水之恩，当涌泉相报"。一个怀有感恩之心的人，会得到生活所赋予的最大、最满意的回报，并且他的人生也注定是幸福的。

此生两依依

当命运给我一个酸的柠檬时，让我们设法把它制造成甜的柠檬汁。

——雨果

初看起来，好像是两个女孩子在尘土飞扬的操场上奔跑，然后成了一个人。两顶粉红色滑雪帽，两张一样的漂亮脸蛋——其中一个正笑得开心，另一个则皱着眉头。但是，在她们的脖子下面却不是人们所想的那样，而是，在紫色毛皮风雪大衣下面仅有一双胳膊和一双穿着橡胶靴的脚。

这是一对孪生姐妹。在她俩的卧室里，有一张双人床，床上铺着带有狮子王图案的被子。这正是她们俩睡觉的地方，而她们俩的生活则具有唯一性和双重性。"这是我，"布瑞坦妮说着，指向墙上的一张快照。阿碧盖尔则很快指着一个古色古香的柜子说："我很小的时候，爸爸就把它给了我。"说完，她做了一个音乐表演时的动作。接着，这对姐妹脚尖点地欢快地旋转起来，就像一只上足了发条的音乐娃娃。

当有人问起她俩的情况的时候，布瑞坦妮声称："我不愿被分开。""我也不想有两个脑袋。"阿碧盖尔这样说。

　　阿碧盖尔和布瑞坦妮是一对连体孪生姐妹，她们都有自己的心脏和胃，但共有三个肺，其脊背由一个椎骨连接，她们的腰部以下都像个人一样的器官，各自控制自己的四肢、躯干以及感情，但同时她们又有自己独特的一面：如果你只是挠她们右边的肋骨，就只有阿碧盖尔格格地笑。

　　这个家庭洋溢着安乐祥和的气氛。阿碧盖尔和布瑞坦妮的父母亲具有坚韧不拔的精神，帮助她们克服重重困难。"我从来没有说过'为什么这种事会发生在我们身上'这样的话。"父亲迈克说。相反地，他们好像非常喜爱这一对逐渐长大的女儿。父母不仅教她们游泳、骑车，而且还回答她们俩提出的像'来自同一个卵'这样的特殊问题。母亲给她们买时髦套装，然后请裁缝改做一下上装。"裁剪两个分开的领口是非常重要的，"母亲帕蒂说。"否则她们看起来就像一个人。"父母亲还鼓励她们善待每一件事，保持独特的个性。

　　关于阿碧盖尔和布瑞坦妮是否能够被分离，专家们各持己见。但对他们的父母亲而言，他们始终是明智的，因为近来纽约和圣地亚哥的两个例子已经证明做这样的手术是不成功的。"你能够在她俩中间选择一个生存下来吗？"迈克问，"即使说她们俩经过手术都生存下来，以后她们将会过一种怎样的生活？她们将会多次动手术，经常遭受痛苦，而且她们每人都只有整个身体的一半。"她们俩就是被这样安全地"保留"了下来。

　　像许多孪体胎儿一样，阿碧盖尔和布瑞坦妮在语言和行动上常常保持一致。当她俩与伙伴们玩牌的时候，故意把牌洗得很乱。当布瑞盖妮咳嗽的时候，阿碧盖尔的右手会自动地捂住妹妹的嘴。阿碧盖尔总是对布瑞坦妮说："你正在想我现在正在想的问题吗？"布瑞坦妮说："当然啦！"接着，她俩就一句话不说，径直向卧室走去，因为她俩都想读同一本书。

　　这对孪体姐妹目前就读于鲁塞兰的一所小学。班里有11个学生。今天她们的老师康妮让她们用纸剪雪人。她总是给这对孪生姐妹一个自由

选择的机会：设计两个单个或者一个连体的图样。尽管姐妹俩经常互相帮助，但却从不抄袭。而这一次，她们决定合作。因为用一只握着纸的手去剪纸是根本不可能的，所以为了剪好每一个图形都花费她们两倍的时间。最后，她们剪的雪人是所有学生中设计最好的。对布瑞坦妮和阿碧盖尔来说，自由总是伴随着限制而来。迈克望着这对正处于青少年阶段的孪生姐妹，一方面忧心忡忡，另一方面则总是保持乐观的思想。迈克常常像所有自豪的父亲那样滔滔不绝地讲起女儿们的志向——阿碧盖尔想成为一名牙科医生，布瑞坦妮则想当一名飞行员。她们的父亲微笑道："当其中一个正在飞行、另一个正在做手术的时候，那是很难的，但她们会战胜自我，做一切事情。"

心灵感悟

命运压不垮坚强的人，只会使他们更加坚强。许多奇迹都是那些坚强的人在逆境中创造的。所以，不要认为自己的命运已经注定而放弃改变它的机会，倘若这样，命运或许就真的无法改变了。

你就是百万富翁

人生的悲哀，不在于没有拥有财富，而在于没有意识到自己所拥有的财富。

——罗伯逊

智慧而年老的牧师胡里奥在密西西比河边，遇见了忧郁的年轻人费列姆。

费列姆唉声叹气，满脸愁云惨雾。

"孩子，你为何如此郁郁不乐呢？"胡里奥关切地问。

费列姆看了一眼胡里奥，叹了口气："我是一个名副其实的穷光蛋。我没有房子，没有太太，更没有孩子；我没有工作，没有收入，整天饥一顿饱一顿地度日。像我这样一无所有的人，怎么能高兴得起来呢？"

"傻孩子，"胡里奥笑道，"其实，你应该开怀大笑才对！"

"开怀大笑？为什么？"费列姆不解地问。

"因为，你其实是一个百万富翁呢！"胡里奥有点儿诡秘地说。

"百万富翁？您别拿我这穷光蛋寻开心了。"费列姆不高兴了，转身欲走。

"我怎敢拿你寻开心？孩子，现在能回答我几个问题么？"

"什么问题？"费列姆有点好奇。

"假如，现在我出20万美元，买走你的健康，你愿意么？"

"不愿意。"费列姆摇摇头。

"假如，现在我再出20万美元，买走你的青春，让你从此变成一个小老头儿，你愿意么？"

"当然不愿意！"费列姆干脆地回答。

"假如，我再出20万美元，买走你的美貌，让你从此变成一个丑八怪，你可愿意？"

"不愿意！当然不愿意！"费列姆头摇得像个搏浪鼓。

"假如，我再出20万美元，买走你的智慧，让你从此浑浑噩噩，度此一生，你可愿意？"

"傻瓜才愿意！"费列姆一扭头，又想走开。

"别着急，请回答完我最后一个问题——假如现在我再出20万美元，让你去杀人放火，让你从此失去良心，你可愿意？"

"天哪！干这种缺德事，魔鬼才愿意！"费列姆愤愤道。

"好了，刚才我已经开价100万美元了，仍然买不走你身上的任何东西，你说，你不是百万富翁，又是什么？"胡里奥微笑着问。

费列姆恍然大悟。他笑着谢过胡里奥的指点，向远方走去……从此，他不再叹息，不再忧郁，微笑着寻找他的新生活去了。

心灵感悟

　　在我们的生命当中，我们每一个人都有仅仅属于自己的东西，我们没有必要一味地瞧着别人的财富与飞黄腾达而羡慕不已，因为真正的快乐与金钱和其他外在的评判准则无关，它是来自内心的，来自你对于自身所拥有物的满足和对生命的依恋。

视
力
与
偏
见

任性和偏见就是自己个人主观的意见和意向，是一种自由，但这种自由还停留在奴隶的处境之中。

——黑格尔

在从纽约到波士顿的火车上，阿瑟发现隔壁座位的老先生是位盲人。

阿瑟的博士论文指导教授是位盲人，因此他和盲人谈起话来，一点困难也没有，他还弄了杯热腾腾的咖啡给这位老人喝。

当时正值洛杉矶种族暴乱的时期，他们因此就谈到了种族偏见的问题。

老先生告诉阿瑟，他是美国南方人，从小就认为黑人低人一等，他家的佣人是黑人，他在南方时从未和黑人一起吃过饭，也从未和黑人一起上过学。到了北方念书，有次他被班上同学指定办一次野餐会，他居然在请帖上注明"我们保留拒绝任何人的权利"。在南方，这句话就是"我们不欢迎黑人"的意思，当时全班哗然，他还被系主任抓去骂了一顿。

他说有时碰到黑人店员，付钱的时候，他总将钱放在柜台上，让黑人去拿，不肯和黑人的手有任何接触。

阿瑟笑着问他："那你当然不会和黑人结婚了。"

他大笑起来："我不和他们来往，如何会和黑人结婚？说实话，我当时认为任何白人和黑人结婚，都会使父母蒙辱。"

但他在波士顿念研究生的时候，发生了车祸。虽然大难不死，可是眼睛完全失明，什么也看不见了。他进入一家盲人重建院，在那里学习如何用点字技巧，如何靠手杖走路等等。慢慢地他终于能够独立生活了。

他说："我最苦恼的是，我弄不清楚对方是不是黑人。我向我的心理辅导员谈这个问题，他也尽量开导我，我非常信赖他，什么都告诉他，将他看成良师益友。

"有一天，那位辅导员告诉我，他本人就是黑人。从此以后，我的偏见就完全消失了。我看不出对方是白人，还是黑人，对我来讲，我只知道他是好人，不是坏人，至于肤色，对我已毫无意义了。"

车快到波士顿了，老先生说："我失去了视力，也失去了偏见，是一件多么幸福的事。"

在月台上，老先生的太太已在等他，两人亲切地拥抱。阿瑟猛然发现他太太竟是一位满头银发的黑人。他这才发现，尽管自己视力良好，但他的偏见还在，是多么不幸的事。

心灵感悟

叔本华说，最强有力的阻碍人们发现真理的障碍，并非是事物表现出的、使人们误入迷途的虚幻假象，甚至也不是人们推理能力的缺陷。相反，是在于人们先前接受的观念，在于偏见。

真正的爱心

做一个善良的人，为群众谋幸福。

——高尔基

阿根廷著名的高尔夫球手罗伯特·德·温森多是一个非常豁达的人。

有一次温森多赢得一场锦标赛，领到支票后，他微笑着从记者的重围中走出来，到停车场准备回俱乐部。这时候，一个年轻的女子向他走来，她向温森多表示祝贺后又说她可怜的孩子病得很重——也许会死掉——而她却不知如何才能支付起昂贵的医药费和住院费。

温森多被她的讲述深深打动了，他二话没说，掏出笔，在刚赢得的支票上飞快地签了名，然后塞给那个女子，说："这是这次比赛的资金，祝可怜的孩子早点康复。"

一个星期后，温森多正在一家乡村俱乐部进午餐，一位职业高尔夫球联合会的官员走过来，问他前一周是不是遇到一位自称孩子病得很重的年轻女子。

"是停车场的孩子们告诉我的。"官员说。

温森多点了点头，说有这么一回事，又问："到底怎么啦？"

"哦，对你来说这是一个坏消息，"官员说，"那个女子是个骗子，

她根本就没有什么病得很重的孩子。她甚至还没有结婚哩！你让人给骗了！"

"你是说根本就没有一个小孩子病得快死了？"

"是这样的，根本就没有。"官员答道。

温森多长吁了一口气，然后说："这真是我一个星期以来听到的最好的消息。"

心灵感悟

人被狗咬了，没有返回来咬狗一口，那是因为人和狗的天性不同。如果你有爱心，你不必计较结果，施爱的过程，正是爱心的最佳诠释。

用真诚打动别人

> 人生的幸福莫过于真实、诚意和廉洁。
>
> ——富兰克林

19世纪法国著名的微生物学家路易·巴斯特，用自己的真诚，感动了校长一家，并如愿以偿地成为了校长的乘龙快婿，成为美谈。

事情的经过是这样的：

巴斯特在法国斯特拉斯堡大学任教时，认识了校长洛朗的女儿玛丽小姐。见面没多久，巴斯特就被玛丽的美丽端庄、温柔大方所俘虏了，他深深地迷恋上了玛丽小姐，并决定向她求婚。

于是，巴斯特分别给洛朗先生、洛朗太太、玛丽小姐写了求婚信。

在写给玛丽小姐的信中，巴斯特写道："亲爱的洛朗小姐，我爱你不是因为你的容貌，也不是因为你是校长的女儿，而是因为你对自然的热爱，你对万物的慈悲，我想，一个如此善良的姑娘，一定会好好照顾她的丈夫的，而我，就非常需要一个可爱的女人的照顾。并且，你做的苹果馅饼非常可口，我想一辈子都享有这种馅饼，可以吗？"

在写给洛朗太太的信中，巴斯特写道："敬爱的太太，您生育了一个好女儿，这位姑娘深深地吸引了我。我想，如果我因不能得到她而痛

苦不堪时，您也应该负一定的责任，至少您应该感到良心不安，因为您把自己的女儿培养得太优秀了，以至于我根本无法将她割舍下。请允许我来替您照顾她好吗？我需要的只是一个妻子，一个爱自己和被自己爱的姑娘，而您的女儿，我会原封不动地替您保管。请相信我的真诚，我以基督的名义起誓，我会像一个父亲一样照顾她、爱护她。"

在写给洛朗先生的信中，巴斯特写道："我应该先把下面的事实告诉您，让您容易决定允许或拒绝。我的家境小康，没有太多的财产。我估计，我的家财不过5万法郎，而且我早已决定把我的一份送给我的姐妹们了。所以，我可以算是一个穷汉。我所拥有的只是健康、勇敢和对科学的热爱，然而，我不是那种为了地位而研究科学的人。"

在信中，巴斯特的言语非常坦率，充分地表达了自己的真诚，并且，字里行间充满了炽热的情感。

最终，洛朗一家接受了他的真诚，成就了一对伉俪。

心灵感悟

如果有什么东西已让你心动不已，而因为眼前看似不可逾越的鸿沟而迟迟未采取行动，那是因为你还缺少些许勇气；展露你的真诚，用心动的感觉去打动对方。

言语难诉的爱

儿童的玩具和老人的智慧是两种不同季节的果实。

——布莱克

为了治愈小孙女的病腿，老祖父开始研究了这项他一生中最重要的发明。

珍妮弗·爱德华是个满头长着乱蓬蓬黑发的小女孩，1972年7月17日出生在俄亥俄州乡村的一所医院里。她的妈妈索尼娅从头到脚仔细地查看了这个7磅重的早产儿，然后虔诚地感谢上帝，尽管妊娠很不顺利，可孩子看来一切正常！

但是，有一天索尼娅在给3个月的珍妮弗洗澡时，发现女儿的右脚肿得很厉害，这引起了她的注意。她查看了孩子的全身，想找到是否有虫咬的痕迹，然后怀着不安的心情，立即带孩子去看医生。

医生也不能解释是什么原因引起的肿胀。肿胀渐渐蔓延至珍妮弗的整个右脚、右腿和右臂部，右手也肿得有正常的两倍大。在此后两年半的时间里，爱德华夫妇就像生活在一场恶梦中，虽然不断地请教专家，可总是一无所获。珍妮弗的患肢裹着弹性绷带，忍受着不时袭来的疼痛。

最后，丹弗儿童医院的威廉·戴维斯医生作出了残酷的诊断：珍妮弗得的是帕克斯·韦伯综合症。医生还说："这是一种很少见的淋巴水肿疾病，是天生的，原因尚不明。也可以说是一种不治之症。珍妮弗还会有更坏的情况发生，虫咬或抓挠都可能引起致命的感染，她面临的是轮椅上的生活，也许还要截肢。"

索尼娅和爱德华惊呆了。诊断之后，珍妮弗接受了当时唯一的治疗方法——放射治疗，并把患肢包在一种压力长筒袜中，但这些都没有减轻肿胀。

他们决心尽可能地让珍妮弗像正常孩子那样生活，可有些孩子常常嘲笑她。当珍妮弗从学校回来后，索尼娅总能看出她是否哭过，珍妮弗却只字不提这些，她鼓足勇气面对这些事，偶尔还流露出一丝幽默。

"有时男孩子们叫我'大胖腿'或其他什么，我才不在乎呢！"她说，"我就对他们说：'你们长着一个大头，却只有个小笨脑子。'要么我就总对他们挥着我的大拳头说：'这是我的最好武器！'于是，他们就不能把我怎样了。"

当索尼娅带着女儿们去商店时，珍妮弗对姐姐们能买新衣服真羡慕。而她因为肿胀的腿，妈妈只好自己动手为她缝裤子。而她的右脚肿得有左脚的3倍那么大，她只得买特制的鞋。

尽管有疾痛折磨和受人嘲笑的难堪，珍妮弗还是勇敢地承受了这些。她很顽皮，又很爱运动。她用左侧支撑着身体，学会了骑自行车。

在学校，她参加健身锻炼，坚持跑步，尽管拖着病腿老是跑在最后一名，她也花了不少工夫学游泳，她说："在水里，我的两条腿就一样了。"

珍妮弗的祖父——老爱德华，为了孙女日趋恶化的病情深感痛苦，看着她穿着特别的裤子，肿胀的腿露在外面，老人的心都碎了。他觉得没有哪个医生能给孙女以帮助。

老爱德华不断地想办法帮助孙女。爱德华夫妇已经习惯了不时从老人那里打来的电话，要么劝他们试着在珍妮弗睡觉时抬高患肢，要么劝他们用一个定型的外套阻止腿再肿大。尽管这些都无效，可老爱德华还是不断地寻找办法。

1980年春天，珍妮弗快8岁时，肿大的右腿出现了溃疡。必须采取某些措施，否则如果发生了严重感染，就得截肢。匹茨堡T.D.华盛顿康复医院的迈克尔·阿历克山大医生建议让珍妮弗来做两周的实验治疗，因为该办法对另外一些淋巴水肿的人已有疗效。

爱德华夫妇同意了。珍妮弗的腿被一种袖袋交替缠裹住，袖袋连着一个泵，这个泵按设计压力不断送出气流，以推动淋巴液流向心脏。但不幸的是，这种泵对珍妮弗效果不大，膝部的肿胀倒是消退，可脚和大腿却更肿了。

老爱德华来看望珍妮弗。当他看见孙女用这种单压力泵时，感到难以容忍。忽然他眼睛一亮：自己年轻时，曾学过工程，而且在当经理时，曾有过7项发明专利，现在第8项专利的构思已开始形成——他骄傲地称之为"我一生中最重要的发明"。

他建议医生，不要把整个腿裹在袖袋里，而是从脚到大腿向上逐渐移动压力以推动液体向心脏流动。但是怎样才能做到呢？老爱德华发誓："在上帝的帮助下，我会为孙女做些事情的。"

在以后的三个月中，他一头钻在地下室的工作间里，这位坚毅的老人常常工作到深夜。他对生理学知之甚少，于是频繁地去图书馆查阅医学书籍。其间，他的心脏病发作了两次，但他毫不理会妻子不许他过分劳累的警告。

一个新装置终于诞生了。1980年11月15日，当阿历克山大医生在自己胳膊上试验了老爱德华的泵的安全性后，便立刻决定让珍妮弗使用这种泵。这种新型泵由两个专为珍妮弗设计的袖袋和电子控制系统组成，一个放在右臂上，一个放在右腿上，每个袖袋分成三部分，每部分在特定时间接受特定的压力。爱德华夫妇虽然满怀希望，但也感到担忧：因为即使泵是有效的，也可能会有副作用，肾脏和心脏能承受得了吗？第一个星期里，珍妮弗每天用泵8小时，效果明显，看到患腿渐渐消肿，

每个人都为之振奋。

一个月后，珍妮弗的右手出现了关节外形。她的眼睛闪闪发光，兴奋地叫道："妈妈，我手上的骨头都突出来啦！"在以后的几个月中，她的两条腿渐渐变得差不多粗细。珍妮弗和祖父愉快地分享每一点进步带来的喜悦。她学会了在自行车上重新掌握平稳，学会了不拖着腿走路。一天，珍妮弗回家，上气不接下气地对祖父说："爷爷，我现在跑得比班上的任何人都快！"

老人的眼睛湿润了，他感到再没有哪件事比听到这些使自己更幸福、更快乐。

在获得专利后，老爱德华想让一些医疗器械公司生产这种装置，以使其他患者能使用它。但几乎没有一个公司对此作出反应。于是，他组织起自己的公司。索尼娅制作袖袋，珍妮弗在办公室里帮忙。

现在，已有230多台这种泵用于医院和家庭，用户遍及全国，并远销至加拿大、意大利、马哈马、日本、南非等。在没有更新的方法治疗淋巴水肿前，珍妮弗要终生使用这种泵。但是，她现在一天只需使用1小时，其他时间都能正常生活。

就在老爱德华完成泵的研制工作后的两个月，他的右眼视网膜出血，加上他的另一只眼以前就有病，这样老人失明了。索尼娅说："这坚强的意志使他能等到泵发明完成后才失明。"现在珍妮弗以百倍的关心照顾回报爷爷的恩情。她给他读报纸，行走时总是拉着爷爷的手。

心灵感悟

老人与儿童之间的情感是特别的，不是所有人都能有幸获得这样一份真情。这种情感不是华而不实的，而是难以用语言形容的，是朴实而又深厚的，这是一种超越言辞的爱。

最美丽的人

深窥自己的心，而后发觉一切的奇迹在你自己。

——培根

在末班电车上，凯瑟琳一坐下，身旁的一名中年男人就突然拿出巧克力，微笑着说："给你。"凯瑟琳不假思索地接受了，接着他询问她的年龄，然后笑着说："二十岁左右的女孩子为什么这么纯真呢？"凯瑟琳想这人真怪，不禁笑了，看到她的笑容，他突然问："在下车之前，能让我为你画张像吗？"

还是第一次有人对凯瑟琳这样说。他可能四十岁出头吧，头上已有了白发，但并不给人以上了年纪的印象。未等她回答，他就开始画了。

"自然地看着我的眼睛。"

凯瑟琳看着他的眼睛，紧张感逐渐消失了，他的眼睛真不可思议。

这期间，他们交谈起来。他是一位职业画家，他送给凯瑟琳的明信片背面写着他的简单的履历，这表明他有相当的实力和名声。

这时，凯瑟琳心中的纯真之情逐渐消失。他是位职业画家，并不是谁都能让他作画的，他好像看中了她，凯瑟琳心里想着："下次遇到朋友时我可以炫耀一下了。"凯瑟琳沉浸在一种优越感中。

谈到他的专属模特，凯瑟琳才知道那是她的中学同学，她在校中就美貌出众。

"以后我也当模特，会更漂亮。"凯瑟琳心里想着，并努力掩饰着自己的嫉妒。

是呀，凯瑟琳只不过是偶然路过的人，当画家模特的应是她那种人，凯瑟琳感到刚才的自己很可怜。

可能是画家注意到了她的表情，他突然停住手。

"你认为美是什么？——你刚才不是把仅空着的一个座位让给一位老人了吗？所以我想画你，我认为你很美。"

凯瑟琳感到心中的阴云骤然消散了。他认为有这种行为的她很美丽，才给她画像的，所以他的目光是那么温柔。

画完成时，车已到站。画上的凯瑟琳是一种难以描述的表情。

"那么，再见。"她跟画家握手告别。

凯瑟琳还想再见他一次。他给她的明信片和那张"美丽的凯瑟琳"至今仍是她最宝贵的财富。

心灵感悟

每一个人都有自己的闪光点，如果想要得到他人的好感，就必须保持自己的本色。自信是通过对自己的了解来建立的，有自信的人才最有魅力。

让孩子自己走

> 把每一项挑战都看成机会，把每一种成就都看成是人类不
> 屈服的创造性的象征。

——梭罗

安丽斯在芬兰的住所前后都是树林，却有不同的风景。

前面，一片平地，上有两架秋千，一间小屋，几条凳子和一个大棚，棚内地上铺满沙子。

一天，两个4岁模样的孩子拖着船形的滑雪板，上面放有小书包、靠垫、小铁铲和小簸箕等，踩着齐脖深的厚雪，连跌带爬地推开小屋的门，进去了，门关上了。好半天好半天，不见出来，她好奇，又着急，室外是零下10℃啊！维德说："不用急，他们肯定玩得正欢呢。"时间一长，她发现凡有民居的地方，都有这些器具，专为孩子们准备的。凳子是休息的，秋千是练胆量的，木棚是供孩子们在大雪覆盖时照样有一块沙地可以活动。小屋内有小桌子、小凳子，板壁上有各式各样的儿童画，是孩子们活动的小天地。活动的内容，全由孩子们自己决定。活动结束，他们也许讲给大人听；如若不讲，大人绝不去问；如果父母陪同来，只能在门外等候，也不许偷看，不然就是不尊重人，

也算侵犯隐私权。

后面，一个土丘，满是松柏，覆盖着厚厚的雪。下了土丘不远，是一所九年制的学校。学生们往返于学校、家庭，宁可"翻山越岭"，也不愿走平地绕圈子。这对大孩子来说，困难不大，况且他们中有人还带着滑雪工具，伺机便滑一程；而对那些低年级的孩子们来说，困难就大得多了。这些孩子们背着那大而沉的双肩包，足以遮挡住他们的上身。没有大人接送，全凭他们那穿着连衣皮靴的小脚，插进齐股深的厚雪，又拔出来，再插再拔，慢慢地向前挪动。有的脚拔不出来，想用手撑一下帮忙，结果手也插进去了，人便趴在雪被上。这时他们不叫不哭，不企求别人帮一把，安丽斯见过多次，孩子走路跌倒了，或者陷在雪地里了，大人就站在旁边看，不吭声、不指点，硬等孩子爬起来。一次去滑雪场，见一男子后面跟着一个小孩，最多5岁。不一会儿，孩子就陷进雪里动弹不得了。那男子只管向前走。安丽斯大步上前，想抱起孩子。男子觉察了，摇手阻止安丽斯，咕噜了几句，继续向前走去。孩子不哭，不急，只是努力地拔出小脚，但没站稳，便顺着坡势滑向人行道；爬起后，又走上雪坡，追赶那位男子。

挪威一个小儿科研究中心的医生说，北欧四国对孩子跌倒的态度是：丹麦，父母立刻哄而安慰；瑞典，父母马上研究如何预防此类事件再发生；挪威，父母叫孩子站起来，不要哭；芬兰，父母不骂、不安慰，由孩子自己爬起来。陪安丽斯去滑雪场的凯昂告诉她：那男子的"咕噜"，是说"孩子的路由孩子自己走"。

心灵感悟

教育是对父母心智的锻炼，孩子的每一步成长都需要父母智慧的参与。溺爱的双亲应该记住：孩子通常不需要娇美，他们要能尽职负责，过度的溺爱与娇美等结果是侮辱。

原谅你的父母

生活中最大的幸福是坚信有人爱我们。

——雨果

在生活中，我们不仅应该学会宽容自己和朋友，更应该学会宽容我们的亲人、我们的父母，这样，才能享受到快乐的人生。

父母的形象是极为奇怪和奥妙的。当我们年幼的时候，他们看来似乎很聪明、睿智和坚强。等到孩子稍微长大一些，父母的形象开始褪色，这到了孩子冷静思考的时候。

换言之，我们发现他们实在并不是我们想象中的英雄。他们只是挣扎着想尽力完成自我的人，正如同芸芸众生，我们会觉得失望、背叛，甚至羞耻。也正是这种时刻，你需要原谅你的父母，他们也不过是凡人。

斯蒂克大约4岁的时候，他喜爱到后院去爬树，爬到树上可以让他登高远望。每天在树枝中间愈爬愈高，他的自信心也随之增长。很快，再也没有一棵树会令他觉得太高而不敢攀爬了。

有个星期六，斯蒂克的爸爸沃克正在屋里写作，突然听到斯蒂克发狂地尖叫。沃克惊吓得跳起来，踢倒椅子，冲向后门。他以为儿子必然

伤了手指或断了手臂。沃克推开后门，看到儿子吊挂在院子角落的一颗柳树上。虽然那棵柳树那时候比现在要小，不过仍然称得上是一棵大树。斯蒂克吊在一根树枝上摇晃，想必是从树枝中间滑了下来。他的手还抓着树枝，他的脚却悬挂在半空中。由于他所抓的树枝快要撑不住了，所以他大声尖叫，仿佛要掉落到火山熔浆里面似的。可笑的是，他离地并不远，大概6英尺左右。

沃克跑到儿子下面伸手抓住他的腿，让他知道自己来了，一切都没问题。沃克伸出的援手以及他的声音安慰了斯蒂克。他放开手，慢慢滑进了父亲的怀抱，他紧紧拥抱沃克，简直快把沃克勒死了，以他才4岁的年纪来说，他还太小，尚不知道在爸爸的面前隐藏他的情绪。等他哭完之后，他感谢爸爸救了他。

从那时候起，斯蒂克对他爸爸的能力笃信不疑，在他需要爸爸的时候，爸爸就在他身边。这不过是短暂的一刻，却令沃克终生珍视。他想："我是个超级英雄，没有什么事情是我办不到的，因为我救了我的儿子。"

不过，孩子是会长大的，随着时光飞逝，幼儿苗壮，相形之下在他们眼中大树也变成小树了。不久，他们在树上攀爬跳跃简直易如反掌。

斯蒂克12岁的时候，他又从同一棵树上摔了下来，这回沃克不在家。斯蒂克掉下来的时候不是脚先着地，而是手臂着地被碰伤骨折了。沃克刚好出差，等第二天返家，儿子就坐在沙发上，手臂打了石膏。他忍着痛楚，向爸爸解释他从上次在他小时候爸爸救他的同一棵树上跌了下来。

其他的什么都没说，也许也没想那么多。不过他清楚，这次爸爸没有及时伸出援手，因为当时他不在家。

沃克想，儿子应该觉得非常失望。从那天起，他作为爸爸闪亮的盔甲黯然失色了。

然而，人生有许多时候，你的父母应该站在树下救你的时候，却不一定在场。父母也会犯错，有时是极大的错误。也许此刻对你说这些你可能似懂非懂。可是，总有那么一天，当你从树上摔下来的时候，而刚巧父母不在身边，你必须要学会原谅你的父母。

心灵感悟

　　许多人在青年时代也许会抱怨父母没有给予他一切，但当他在外奔劳一天之后，最渴望见到的仍旧是亲人的微笑。亲人间的宽容是无条件的。

宽容与感恩

宽容是荆棘丛中长出来的谷粒。

——普列姆昌德

曼德拉因为领导反对白人种族隔离制度的政策而入狱，白人统治者把他关在荒凉的大西洋小岛罗本岛上27年。当时曼德拉年事已高，但白人统治者依然像对待年轻犯人一样对他进行残酷地虐待。

罗本岛上布满岩石，到处是海豹、蛇和其他动物。曼德拉被关在总集中营的一个"锌皮房"，白天打石头，将采石场的大石块碎成石料。他有时要下到冰冷的海水里捞海带，有时干采石灰的活儿——每天早晨排队到采石场，然后被解开脚镣，在一个很大的石灰石场里，用尖镐和铁锹挖石灰石。因为曼德拉是要犯，看管他的看守就有3个人。他们对他并不友好，1991年曼德拉出狱当选总统以后，他在就职典礼上的一个举动震惊了整个世界。

总统就职仪式开始后，曼德拉起身致辞，欢迎来宾。他依次介绍了来自世界各国的政要，然后他说，能接待这么多尊贵的客人，他深感荣幸，但他最高兴的是，当初在罗本岛监狱看守他的3名狱警也能到场。随即他邀请他们起立，并把他们介绍给大家。

美德书

曼德拉的博大胸襟和宽容精神，令那些残酷虐待了他27年的白人汗颜，也让所有到场的人肃然起敬。看着年迈的曼德拉缓缓站起来，恭敬地向3个曾关押他的看守致敬，在场的所有来宾以致整个世界，都静了下来。

后来，曼德拉向朋友们解释说，自己年轻时性子很急，脾气暴躁，正是狱中生活使他学会了控制情绪，因此才活了下来。牢狱岁月给了他时间与激励，也使他学会了如何处理自己遭遇的痛苦。

心灵感悟

感恩与宽容常常源自痛苦与磨难，这一切必须通过极强的毅力来训练。与此同时，个人的心智与胸怀也在这一过程中得到心的体验与爱的升华。

迎接新生命

过于把幸运之事归功于自己的聪明和智谋的人，多数人的结局是不幸的。

——培根

在某个小村落，下了一场非常大的雨，洪水开始淹没全村，一位神父在教堂里祈祷，眼看洪水已经淹到他跪着的膝盖了。

突然，一个救生员驾着舢板来到教堂，对神父说："神父，快！赶快上来！不然洪水会把你淹没的！"

神父说："不！我要守着我的教堂，我深信上帝会救我的。你先去救别人好了，我有上帝与我同在！"

过了不久，洪水已经淹过神父的胸口了，神父只好勉强站在祭坛上。

这时，又一个警察开着快艇过来，跟神父说："神父，快上来！不然你真的会被洪水淹死的！"

神父说："不！我要守着我的教堂，我相信我的上帝一定会来救我。你还是先去救别人好了！"

又过了一会儿，洪水已经把整个教堂淹没了，神父只好紧紧抓着教堂顶端的十字架。

一架直升机缓缓飞过来，丢下绳梯之后，飞行员大叫："神父，快！快上来！这是最后的机会了，我们不想看到洪水把你淹死！"

神父还是意志坚定地说："不！我要守着我的教堂！上帝会来救我的！你赶快去救别人，上帝会与我同在的！"

洪水滚滚而来，固执的神父终于被淹死了……

神父上了天堂后，见到上帝，便很生气地质问："主啊，我终生奉献自己，战战兢兢地侍奉您，为什么您不肯救我？"

上帝说："我怎么不肯救你？第一次，我派了舢板去救你，你不要，我以为你担心舢板危险；第二次，又派了一艘快艇去，你还是不上船；第三次，我以国宾的礼仪待你，再派一架直升机去救你，结果你还是不愿意接受。所以，我以为，你是急着想要回到我的身边来，可以好好陪我。"

心灵感悟

生命中太多的障碍及低潮，皆是由于过度的固执与愚昧所造成。在别人伸出援手之际，别忘了，唯有我们自己也愿意伸出手来，人家才能够帮得上忙！放弃无谓的执著，伸出接受援助的手，是避免陷入困境的智慧选择！

两次募捐

生命多少用时间计算，生命的价值用贡献计算。

——裴多菲

数年前，马克先生在加拿大学习期间遇到过两次募捐，那情景至今使他难以忘怀。

一天，马克先生在渥太华的街上被两个男孩子拦住去路。他们十来岁，穿得整整齐齐，每人头上戴着做工精巧、色彩鲜艳的纸帽，上面写着"为帮助患小儿麻痹的伙伴募捐"。其中的一个，不由分说就坐在小凳上给马克先生擦起皮鞋来，另一个则彬彬有礼地发问："先生，您是哪国人？喜欢渥太华吗？""先生，在你们国家里有没有小孩患小儿麻痹？谁给他们付医疗费？"一连串的问题，使马克先生放弃了戒备心理，他们像朋友一样聊起天来。擦完鞋，马克先生问该付多少钱，他们说："给多少都行。""5分也行。"其中一个补充道。

当马克先生把加元放到他们胸前的布袋里时，他俩争着用稚嫩、优美的童音大声说："谢谢您，非常感谢！我们希望有一天能去你们美丽的国家旅游。"一边说一边把一个红白两色的脚印形纸牌别在马先生的衣服上，并告诉他："其他孩子们见到这个标志就知道您已经捐过了，不会再给您擦鞋了。"

随后，马克先生看见许多人胸前都别着这个小小的脚印。到处都有孩子们冲他说"谢谢"。马克先生觉得孩子们的笑容溶进了路旁盛开的鲜花中；他们的声音好像来自天堂。

几个月之后，也是在街上，一些十字路口处或车站坐着几位老人。他们满头银发，身穿各种老式军装，上面布满了大大小小形形色色的徽章、奖章，每人手捧一大束鲜花，有水仙、石竹、玫瑰及叫不出名字的花。匆匆过往的行人纷纷止步，把钱投进这些老人身旁的白色木箱内，然后向他们微微鞠躬，从他们手中接过一朵花。马先生看了一会儿，有人投一两元，有人投几百元，还有人掏出支票填好后投进木箱。那些老军人毫不在意人们捐多少钱，一直不停地向人们低声道谢。同行的朋友告诉他，这是为纪念第二次世界大战中参战的勇士，募捐救济残废军人和烈士遗孀，每年一次；认捐的人可谓踊跃，而且秩序井然，气氛庄严。有些地方，人们还耐心地排着队。马克先生想，这是因为他们都知道：正是这些老人们的流血牺牲换来了包括他们信仰自由在内的许许多多。

有人说，帮助比自己弱小的人，会获得一种心理满足。可马克先生两次把那微不足道的一点钱捧给他们，感到的只是自己想对他们说声"谢谢"。

心灵感悟

感谢造物主让我们与世界上的一切事物紧密相连，使得任何事物都不会孤立无援，大家相互影响，共同进退。因而请以感激的目光注视这个世界，人们都在默默地奉献着自己。

知心的礼物

慷慨不是你把我比你更需要的东西给我，而是你把你比我更需要的东西也给了我。

——纪伯伦

保尔·威利尔亚德第一次走进威格顿先生的糖果店的时候他只有4岁，当他听到门铃轻轻地响了以后，满头银发的威格顿先生便悄悄地出现在糖果柜台的后面。

没有一个孩子曾见过这么多好吃的东西。要从这么多糖果中选择一种自己喜欢的还真让人伤脑筋。首先得在想象之中品尝每种糖果的味道，然后再考虑下一种糖果的味道应是什么。每当一种糖果被选中之后，就会被装进一个小小的白纸口袋里，也就在这个时候，保尔的心总是"腾"的一跳后悔起来，心想也许另外一种味道会更加好些吧？要么就是余味长些？经吃些？只有等到将要付的钱放在柜台上以后，纸袋才无可挽回地被紧紧拧住，犹豫不决的时刻也才结束。

自从妈妈领着保尔去了小店一次之后，保尔便渴望有一天能自己去买糖。那时保尔对钱一无所知。他经常看到妈妈给别人一点什么东西，然后别人则递给她一个包或者一个袋子，这样保尔逐渐地了解了交换的概念。有一天，保尔花了好大的气力来到店铺弄响了门铃，并推开了那扇巨大的门。保尔着迷似的一步步向着糖果柜台走去。

保尔挑选出了一些各式各样的糖果后，威格顿老先生从柜台上弯下身子问他："你有钱买这么多糖果吗？"保尔回答说："我有很多很多的钱。"保尔伸出小拳头将手里的钱放在威格顿先生张开的手掌中，里面有五六个闪闪发亮的、用锡纸细心包好的樱桃核。

威格顿老先生静静地站在那注视着自己手掌里的樱桃核，然后，好像是想要发现什么似的看了一会儿保尔。

"不够吗？"保尔担心地问。

他轻轻地叹了口气。"我想是有点多了。"他回答说。"我还得给你找钱。"他打开抽屉，取了钱，弯下身子，把两分钱放进保尔伸出的手中。

这件事保尔很快就忘了。成人后，保尔组织了自己的家庭，和妻子开了一家金鱼店，其中大部分的鱼是直接从亚洲、非洲和南美洲引进的。每条鱼差不多都值5美元以上。

一个星期天的下午，一位女孩同她弟弟走了进来。他们约有五六岁。保尔正忙着洗鱼缸。那两个小孩站在那儿，眼睛睁得又圆又大，紧盯着清澈的水中游玩的珠宝般漂亮的金鱼。"真棒！"小男孩叫起来，"我能要几条吗？""行呀。"保尔说，"如果你们有钱买的话。""哦，我们有好多好多钱。"小女孩信心十足地说。

她说话的神情带给保尔一种熟悉而奇怪的感觉。

保尔把他们挑中的鱼捞进一个旅行罐里，放进一个运输用的口袋里，俯身递给了男孩。

男孩转向姐姐："姐，付给他钱呀。"姐姐紧握的拳头张开了，把两个镍币和一角钱放进保尔展开的手掌上。

瞬间，保尔好像完全领悟到当年他与威格顿老先生之间发生的那件事所给他的全部影响。只有这个时候保尔才懂得那么多年前他对老人的挑战，才弄清楚老人是多么出色地接受了这一挑战。

保尔看着手中的硬币，像是又站在那个小糖果店里，就像威格顿老

先生多年前理解的那样，他理解这两个孩子的淳朴天真以及保存或者摧毁这种天真的力量。保尔喉咙哽塞了，心里充满了回忆。

小女孩充满期望地站在保尔面前。"钱不够吗？"她小声地问保尔。

"不，是太多了些。"保尔总算克服了感情的激动，好容易才说出来，"还得给你找点钱呢。"保尔把两分钱放在她伸开的手里，然后便站在门口望着孩子小心翼翼地捧着他们的宝贝远去。

保尔回到店里时，妻子问他："你知道给了他们多少条鱼吗？价值30美元呢！"

保尔给她讲了威格顿老先生的故事，她的眼睛湿润了，在保尔脸上轻轻地吻了一下。

保尔敢肯定当他擦完最后一只鱼缸时，他听到威格顿老先生在他身后的笑声了。

心灵感悟

慷慨是出自真正的宽厚和仁慈，当你对别人慷慨的时候，其实也是对你自己慷慨。让我们享受慷慨过程中独特的愉快感。

如何说分手

真诚才是人生最高的美德。

——乔叟

珍妮上大学二年级时，与男友约翰相识并很快火热起来。但一年后，珍妮又与另一位男生布鲁斯产生了恋情。这样，珍妮必须在两个男孩子之间作出选择，她选择了布鲁斯。但怎样与约翰分手道别呢？珍妮一时拿不定主意，她找到了心理医生史密斯先生。

起初，珍妮谈话的焦点是担心约翰不甘这样在爱情的角斗场上被淘汰出局，因而会来报复她甚至还有布鲁斯。但经过深入讨论约翰的性格特点，他排除了这种可能。因为约翰是个性格温和的人，而且他对珍妮从来没有感情狂热的表现。接着，珍妮又提出与约翰渐渐地冷下去，让约翰自己感悟到珍妮对他已没有兴趣。但经过讨论，珍妮意识到，那样做势必会影响她与布鲁斯恋情的发展。说到底，珍妮不愿背着一个沉重的心理包袱去约会布鲁斯，她想全心全意地投入后一场恋情。

珍妮继而提出给约翰写封信，告诉他自己已另有心上人，现在要结束与他的恋爱关系，并希望他尊重这个决定。但经过讨论，珍妮感到这种做法对约翰不够尊重，也对不起他们以前共同拥有的一段美好时光。

这时史密斯先生问珍妮："你为什么不当面与约翰说明自己的感情变化，这比咱们前面讨论过的任何一种做法都直接、坦诚。"

"我也曾考虑过这个做法，但我真有些说不出口。"珍妮回答。

"有什么说不出口的呢？"史密斯先生再问。

"那会使约翰心里很难受，毕竟我们曾相爱过，毕竟他现在还爱着我。我这样说会刺伤他的自尊心的。"珍妮说。

"那你有没有想过，你对约翰拐弯抹角地说'不'字，同样也会刺伤他的自尊心？"史密斯先生启发珍妮。

"为什么？"珍妮问。

"因为一个人要是真正尊重另一个人，他会对他坦诚的，你说是不是？"史密斯先生说。

珍妮想了想问："我该怎样说才会最大限度地不刺伤约翰的自尊心？"

"最大限度地突出一个'诚'字。"史密斯先生说。为了帮助珍妮更好地把握这个'诚'字，他们做了不同的角色扮演练习，以深刻体会怎样把握"真诚"。

珍妮后来打电话告诉史密斯先生，她与约翰摊牌出奇的顺利。约翰不但具有绅士风度地接受了珍妮与他分手的事实，而且还感谢珍妮给了他一段美好时光及对他的尊重。史密斯先生问珍妮怎样看待他们俩这次谈话的结果，她说："我想是我对他的诚恳态度使他表现得像个绅士。"

心灵感悟

人与人之间最大的信任是精诚相见，诚挚坦然的态度要比处处防范他人的态度有益得多。对人以诚信，就是对他人最大的尊重，同样也会换取他人的理解和信任。

女儿死去的那一天

人离去，但他们的爱却永远留在子女或父母灵魂的最深处。

——高尔基

　　玛格丽特的女儿玛莉乔死去的那一天，她睡到早上10点才起床。前一天的晚上为了和爱蜜丽姐姐一起规划未来，她俩熬夜到天快亮的时候才就寝。爱蜜丽就读于多伦多大学，周末假期才能回家。而玛莉乔希望将来从事旅游中介的行业，想选择多伦多大学研读这一科，她计划届时可以和爱蜜丽住一起。

　　女儿死的那一天，他们一起吃过早餐。她和另一个姐姐凯特上街买东西，晚上出事前还一直高兴着她们买对了礼物："妈妈，"她兴奋地说，"我真等不及了，你一定会喜欢我和凯特为你选择的圣诞礼物！"

　　女儿死去那一天，他们全家动员大扫除，这是仅有的一次，没有人为了分配工作或是做得好不好而吵嘴。大家一起挂完圣诞树的吊饰，还嘲笑着自己小时候动手做的一些装饰品。约翰和玛莉乔的照片贴在毛绒绒的饰品上，这是他们在幼儿园的时候一起粘的。玛莉乔觉得这些东西看起来很好笑，而玛格丽特则想起当年那两个美丽可爱的孩子。

　　女儿死去的那一天，她找玛格丽特和凯特一起玩大富翁。

虽然她急着想用吸尘器清理地毯上的亮片和圣诞树的碎枝叶，不过还是说："好啊！"因为她想："一个16岁的女孩要和妈妈一起玩大富翁的机会能有多少呢？"结果他们玩了一个下午，而且觉得很开心。

女儿死去的那一天，玛格丽特原本想买一只瑞士土鸡给他们当晚餐，因为她和丈夫艾尔晚上得参加一场圣诞节派对。但几个女孩子却说："为什么不给我们一些钱？我们可以到餐厅吃饭，那一定很好玩！"于是她给他们一些钱，他们也一同享用了很棒的晚餐。

女儿死去的那一天，他们顺道载她到朋友家，她准备了一瓶可乐和一袋洋芋片请朋友吃。我们在车上看着她高高兴兴地和我们挥手道别。

那是他们见到她的最后一眼了，她在那晚10点35分的一场车祸中丧生。有一则祈祷文在家里挂了好几年，上面写着：

请保吾家，亲爱的父，我们珍惜食物，在它短缺之前；我们发现彼此，在离开之前；并尽可能地分享能够在一起的时光。

女儿死去的那一天，玛格丽特终于了解这则祈祷文的真义。

心灵感悟

人生是短促的，生命也很是脆弱，当你陪在亲人、朋友的身边时，无论快乐还是悲伤，你是否因为能够相互陪伴而感到这是一种最大的幸福呢？

失去敌人

> 爱是世界上最强大的武器，爱可以消除一切愁恨和敌人。
>
> ——雨果

蓓蒂·安·斯路易9岁的弟弟丹尼尔和7岁的弟弟提姆参加了教会举办的"拓荒俱乐部"，那是一个每周一次的儿童活动。姐姐、爸爸和蓓蒂都是那个活动里的老师。那一年，弟弟们跑来向蓓蒂抱怨。他们说，有个叫约翰的男孩子老是找他们的麻烦。

约翰11岁，是个领养的小孩。当时在蓓蒂爸爸的班上，他是那种总爱惹是生非的小孩。更糟的是，他根本不认为自己的行为出了问题，反而觉得是爸爸在找他的麻烦。他常常找弟弟们的碴儿，把他们的帽子扔到地上骂他们，再不然就是踢他们一下后赶快溜掉，有时候甚至会用粗野的话骂蓓蒂。大家都觉得他是个问题学生，对他很头痛。

妈妈得知这个情况后，过了几天，她从镇上买了一袋棉花糖回来。

"这些糖是要给约翰的。"她告诉丹尼尔和提姆。

"给谁？你说要给谁？"

"给约翰的。"妈妈向他们解释。对敌人仁慈，你就有打败敌人的可能。对约翰好？人们实在无法想象。他实在是太调皮捣蛋了。但是，这

周那些将要参加"拓荒俱乐部"的男孩子，每个人口袋里都会有两块棉花糖，一块是自己的，另一块是给约翰的。

蓓蒂正要去上班，刚好不小心听到提姆在说："来，约翰。这个糖果给你。"在回家的路上，蓓蒂问他，约翰当时有什么反应。

提姆耸耸肩："他好像吓了一跳，然后向我说声谢谢，就把糖吃掉了。"

又隔了一个星期，一天，约翰向提姆冲了过来，提姆抓紧了自己的帽子，准备好要对抗约翰。但是约翰并没碰提姆一根汗毛，只是问提姆："嘿！提姆，你还有没有糖果？"

"有啊！"提姆松了一口气，把手伸进自己的口袋，给了他一块糖。从那之后，约翰每个星期都会来找提姆，向他要一块糖吃。而提姆每次都记得要带两块糖，一块给自己，另一块给约翰。

同时，蓓蒂又用另一个方法"战胜了我的敌人"。有一次，蓓蒂和约翰在走廊上擦身而过，蓓蒂看到他脸上流露出很不屑的表情。他正准备要张开嘴说话，但是蓓蒂先说了一声："嗨！约翰。"然后给他一个夸张的笑容。

他很惊讶，闭上了嘴巴，而蓓蒂则继续走自己的路。从那时候起，只要蓓蒂一看到他，蓓蒂就会对他微笑，然后说："嗨！约翰。"不给他任何说粗话的机会。后来，他也开始用些简单的问候语来响应蓓蒂。

他已经有一段时间不找弟弟们的麻烦了，对蓓蒂也不再那么粗暴。蓓蒂爸爸甚至对他刮目相看。约翰现在是个好孩子了，和一年前的他完全不一样。他之所以会有这么大的转变，蓓蒂想那是因为有人给了他机会的缘故。

心灵感悟

约翰不是唯一发生改变的人。其实，大家也都学到了爱"敌人"的意义，大家的"敌人"也就一起消失了——爱"战胜"了敌人。爱是绝对不会失败的。

爱的真谛

爱情不是用眼睛，而是用心灵看着的。

——莎士比亚

兰顿酒足饭饱之后，看着忙忙碌碌收拾碗具的妻子说："我说，咱们离婚怎么样，你再嫁个老公，我再娶个老婆。"妻子便说："好啊，保证没有一个女人会要你。"他便嘿嘿地笑，说："到时候，你可别哭鼻子。"她佯骂："你才哭鼻子呢。"

但现在兰顿真的想离婚了，因为他以前的情人离婚了，情人长得比妻子漂亮，那身材、那打扮还有那含情脉脉的神情，都令他心猿意马。

当初只是应邀听听她的苦衷，但交往时间一长，以前和情人的种种浪漫细节便在眼前清晰起来。在酒吧的阴暗角落里，兰顿慌里慌张地吻了她，她轻轻地笑着："瞧你，还是老样子。"他就被情人的这句话彻底俘虏了。

他们偷偷地约会，疯狂地享受着，这一切都让他情不自禁，兰顿像吸毒一样迷上了这个女人。

又一次约会后，她在他怀里说："我们这样偷偷摸摸不好，你要是真的爱我，那么就和你老婆离婚。"

兰顿犹豫了，他和妻子虽然过得平淡，但感情尚可，如果要提出离婚，他实在开不了这个口。

兰顿很矛盾，但情人的温柔让他欲罢不能，在情欲的驱使下，他终于向老婆摊牌了。

兰顿对老婆说："我外面有情人了，我们还是离婚吧，我真的对不起你，房产归你，你再找个好男人一起过吧。"

妻子听了，便笑了，用手拍了一下他的头，说："见你个鬼，说得像真的一样。"

兰顿说："我可不是开玩笑，我是说真的。"

妻子咯咯地笑："骗人的把戏你可是越演越像了，别磨牙了，这天快下雨了，把阳台上的衣服收进来。"

兰顿突然恼火了，大声说："我没骗你，我真的要和你离婚。"

妻子看着他的模样，笑得喘不过气来："你这人怎么回事，开玩笑上瘾了是不？"

兰顿说："谁开玩笑，我说的是真的，今晚我不回来了。"说完一甩门走了。

妻子在楼道上喊："哎，外面下雨了，出门也带把伞啊！"他不理她，他想只要一夜不归，明天她就明白他说的不是假的。他直奔情人的家中。他对情人说："我对她摊牌了。"情人点点头，问："她有没有提什么要求？"他说："我把房产给她了。"

情人一惊，说："你有病是不是，你那房产我估计最少也值四十万哪，怎么能全部给她呢？"

兰顿说："我真的对不起她，这样做我的良心上才会平衡一点。"

情人说："哪有你这样傻的，我们要是有了四十万，就可以不工作了，好好在家享几年福。"

情人对兰顿说："你要是娶我，房产一定要争取过来，否则休想！"

兰顿突然发现这个女人竟是这样的陌生，他感到失望，他们第一次有了激烈的争吵，他看到情人歇斯底里的另一面，她的刻薄、她的贪婪、她的虚伪全都展现在他的面前。狂怒之下，他一巴掌击在了她那俏丽的脸上。

随后，他下楼冲到了室外，外面下雨了，他在雨中踯躅，整个身心抽空了一般。

不知过了多长时间，兰顿终于来到了自己的家门前，他是怎样走回来的，自己也有些不明白。

兰顿打开屋门，妻子从屋里奔出来，看他那副样子说："你到哪儿去了？看你，淋得像落汤鸡一样，我说要下雨了，让你带伞，你偏不听。"

妻子拿来一块干毛巾，边擦兰顿的湿头发边说："下次你开玩笑别这样出格，像电视里演的一样。"

兰顿一把抱住妻子，眼泪像开闸的洪水一样喷涌而出。

心灵感悟

爱情可以成为生活里的一部分，婚外情只是对抗乏味生活的一次冒险，不需要结果，也成不了生活里的一部分。聪敏的女人，永远是智者。

爱的遗赠

> 父爱如伞，为你遮风挡雨；父爱如雨，为你濯洗心灵；父爱如路，伴你走完人生。
>
> ——格雷戈里

艾尔非常年轻的时候，就已经是一个娴熟的艺术家和制陶工人了。他有一个妻子和两个儿子。一天晚上，他的长子感到胃部疼得很厉害。但是艾尔和妻子都认为这只是普通的肠道疾病，而没有多加注意。但是男孩得的却是急性阑尾炎，在那天晚上他意外地死了。

如果不是由于他的粗枝大叶，儿子的死本来是完全可以避免的，正是在这样巨大的犯罪感的压抑下，艾尔的情绪急剧地变坏了。不久，他的妻子也离开了他，留下6岁的小儿子与他相依为命。这使得本来就已经很糟的局面更加恶化了。艾尔受不了这两件事给他带来的打击，就试图从酒精中寻求帮助和解脱。没过多久，他就变成了一个酒鬼。

随着对酒精的迷恋越来越深，艾尔所拥有的一切开始一点一点地失去——他的家，他的土地，他的艺术作品……最后，艾尔在旧金山一家汽车旅馆里孤独地死去了。

当邻居米歇尔听到艾尔去世的消息，他对艾尔的蔑视也和世人对那些死后没给子孙留下任何遗产的人一样。"这是一个多么彻底的失败！"他心里这样想，"完全是浪费生命！"

可随着时间的流逝，米歇尔开始对自己早年对艾尔的苛刻评断有所反思。因为，他认识了艾尔现在已经成年的小儿子——厄尼。他是他所认识的最仁慈、最精细和最富爱心的人之一。米歇尔观察着厄尼和他的孩子们，看见他们之间洋溢着动人的关爱之情。他知道那种仁慈和爱心一定源自某处。

米歇尔很少听到厄尼谈论他的父亲，要为一个酒鬼辩护是多么困难啊。一天，他鼓起勇气问厄尼。"有一件事使我感到很迷惑，"他说，"我知道你主要是由父亲抚养长大的。那么他究竟怎样使你成为这么一个非同寻常的人呢？"

厄尼平静地坐在那儿，仔细思索了一会儿，然后他说："从我记事起一直到我18岁离开家，爸爸每天晚上都到我的房间里来，亲吻我的面颊，并且说'我爱你，儿子'。"

米歇尔的眼睛湿润了，他意识到自己过去觉得艾尔是一个失败者的想法是多么的愚蠢。他虽然没有给儿子留下什么物质财富，但是他用一个父亲的仁慈和爱心，培养出了一个非常善良无私的儿子。

心灵感悟

　　恐惧时，父爱是一块坚硬的石；黑暗时，父爱是一盏照明的灯；枯竭时，父爱是一湾生命的水；努力时，父爱是精神的支柱；成功时，父爱又是鼓励与警钟。

第二篇

责任义务

分期付款

光有知识是不够的，还应当运用；光有愿望是不够的，还应当行动。

——歌德

杰米先生是个普通的年轻人，大约二十几岁，有太太和小孩儿，收入并不多。

他们全家住在一间小公寓，夫妇两人都渴望有一套自己的新房子。他们希望有较大的活动空间、比较干净的环境，这样既让小孩儿有地方玩，同时也增添了一份产业。

买房子的确很难，必须有钱支付分期付款的首付才行。有一天，当杰米签发下个月的房租支票时，突然很不耐烦，因为房租跟新房子每月的分期付款差不多。

杰米跟太太说："下个礼拜我们就去买一套新房子，你看怎样？"

"你怎么突然想到这个？"她问，"开玩笑！我们哪有能力！可能连首付都付不起！"

但是杰米已经下定决心："跟我们一样想买一套新房子的夫妇大约有几十万，其中只有一半能如愿以偿，一定是什么事情才使另一半人打

消了这个念头。我们一定要想办法买一套房子。虽然我现在还不知道怎么凑钱，可是一定要想办法。"

下个礼拜他们真的找到了一套两人都喜欢的房子，朴素大方又实用，首付是1200美元。现在的问题是如何凑够1千多美元。杰米知道无法从银行借到这笔钱，因为这样会损害他的信用，使他无法获得一项关于销售款项的抵押借款。

可是皇天不负有心人，他突然有了一个灵感：为什么不直接找承包商谈谈，向他私人贷款呢？他真的这么做了。承包商起先很冷淡，由于杰米一再坚持，终于同意了。他同意杰米把1200美元的借款按月交还100美元，利息另外计算。

现在杰米要做的是，每个月凑出100美元。夫妇两人想尽办法，一个月可以省下25美元，还有75美元要另外设法筹措。

杰米又想到另一个点子。第二天早上他直接跟老板解释这件事，他的老板也很高兴他要买房子了。

杰米说："彼恩先生，你看，为了买房子，我每个月要多赚75美元才行。我知道，当你认为我值得加薪时一定会加，可是我现在很想多赚一点钱。公司的某些事情可能在周末做更好，你能不能答应我在周末加班呢？有没有这个可能呢？"

老板被他的诚恳和雄心感动了，真的找出许多事情让他在周末工作十小时，他们因此欢欢喜喜地搬进新房子了。

心灵感悟

成功可不是从天上掉下来的馅饼儿，如果人们没有勇气去尝试创造成功的条件，那么无论你怎样精心的打算与计划，都只是存在于梦境之中的童话而已。

镜子里的你

谁不能主宰自己，谁就永远是一个奴隶；想左右天下的人，须先左右自己。

——苏格拉底

爱因斯坦作为一名杰出的物理学家，他的一些奇闻轶事在哈佛学子中广为流传。比如下面这个故事起先是爱因斯坦在普林斯顿大学授课时讲述的，而如今，哈佛人无所不知：

"昨天，"爱因斯坦父亲说，"我和我们的邻居约翰大叔去清扫南边工厂的一个大烟囱。那烟囱只有踩着里边的钢筋踏梯才能上去。你约翰大叔在前面，我在后面。我们抓着扶手，一阶一阶地爬了上去。下来时，你约翰大叔依旧走在前面，我还是跟在他的后面。后来，钻出烟囱，我们发现了一件奇怪的事情：你约翰大叔的后背、脸上全都被烟囱里的烟灰涂黑了，而我身上竟连一点烟灰也没有。"

爱因斯坦的父亲继续微笑着说："我看见你约翰大叔的模样，心想我肯定和他一样，脸脏得像个小丑，于是我就到附近的小河里去洗了又洗。而你约翰大叔呢，他看见我钻出烟囱时干干净净的，就以为他也和我一样干净，于是只草草洗了洗手就大模大样上街了。结果，街上的人

都笑痛了肚子，还以为你约翰大叔是个疯子呢！"

爱因斯坦听完，忍不住和父亲一起大笑起来。父亲笑完了，郑重地对他说："其实，别人谁也不能做你的镜子，只有自己才是自己的镜子。拿别人做镜子，白痴或许也会把自己照成天才的。"

爱因斯坦听了，顿时满脸愧色。

爱因斯坦从此离开了那群顽皮的孩子们。他时时用自己做镜子来审视和映照自己，终于映照出了他生命的熠熠光辉。

心灵感悟

　　嫉妒是愚昧的，模仿只会毁了自己；纵使宇宙间充满了美好，不努力什么也得不到；你内在的力量是独一无二的，只有你知道自己能做什么；但是你必须真的去做，否则连你也不知道自己真的能做。

为母亲洗脚

全世界的母亲是多么的相像！她们的心始终一样，每一个母亲都有一颗极为纯真的赤子之心。

——惠特曼

日本一个名牌大学毕业生应聘于一家大公司。社长审视着他的脸。出乎意料地问："你替父母洗过澡擦过身吗？""从来没有过。"青年很老实地答道。"那么，你替父母敲过背吗？"青年想了想，说："有过，那是我在读小学的时候，那时母亲还给了我10块钱。"在诸如此类的交谈中，社长只是安慰他别灰心，会有希望的。青年临走时，社长突然对他说："明天这个时候，请你再来一次。不过有一个条件，刚才你说从来没有替父母擦过身，明天来这里之前，希望你一定要为父母擦一次，能做到吗？"这是社长的吩咐，因此青年一口答应。

青年虽大学毕业，但家境贫寒。他刚出生不久父亲便去世，从此，母亲做佣人拼命挣钱。孩子渐渐长大，读书成绩优异，考进东京名牌大学。学费虽令人生畏，但母亲毫无怨言，继续帮佣供他上学。直到今日，母亲还去帮佣。

青年回到家，母亲还没有回来。母亲出门在外，脚一定很脏，他决

定替母亲洗脚。母亲回来后，见儿子要替她洗脚，感到很奇怪。于是，青年将自己必须替母亲洗脚的原委说了一遍。母亲很理解，便按儿子的吩咐坐下，等儿子端来水，把脚伸进水盆里。青年右手拿着毛巾，左手去握母亲的脚，他这才感到母亲的双脚已经像木棒一样僵硬，他不由得抱着母亲的脚潜然泪下。读书时他心安理得地花母亲如期送来的学费和零花钱，现在他才知道，那些钱是母亲的血汗钱。

第二天，青年如约去那家公司，对社长说："现在我才知道母亲为了我受了很多的苦，您使我明白了在学校里没有学过的道理，如果不是您，我还从来没有握过母亲的脚，我只有母亲一个亲人，我要照顾好母亲，再不能让她受苦了。"社长点了点头，说："明天你到公司上班吧。"

心灵感悟

谁言寸草心，报得三春晖！母亲，这个对于所有女人来说都是最在乎的名称。无怨无悔地付出，任劳任怨地劳作。回报她的养育之恩有多种方式，当你现在明白时还来得及，不要等到一切无法挽回时才翻然醒悟。

自傲的父亲

一切伟大皆源于劳动，它是创造这个美丽世界最主要的动力，社会的强大与美丽均来自于劳动。

——布鲁克

安迪不是那种偷听别人闲聊的人，但有一天深夜，当安迪走过自家院子的时候，他发现自己正干着偷听的事。

安迪的妻子正跟坐在厨房地板上的最小的儿子及他的同学们说话，安迪静静地走上来，在门的遮掩下在外面听起来。

妻子似乎已听到孩子们都自夸他们爸爸的工作。诸如他们都是高官显宦之类，可是当他们问安迪的儿子鲍勃，父亲有什么样的好职业时，鲍勃好像有点不自然地低声咕哝道：“他是个与工作斗争的人。”

安迪细心的妻子一直等到其他孩子离开，才把他们的小儿子叫进屋里来。她说道：“我有事情要告诉你，儿子。”说着并吻他有酒窝的双颊。

“你说你父亲只是个与工作斗争的人，你说的是正确的。但在所有的商店、商场、汽车行业里，繁重的工作使我们每天竭尽全力。正是普通的与工作斗争的人来完成伟大的事业！当你看到一座新房子建起来的

时候，你应该记住这一点，我的儿子！"

"高级官员拥有优雅的办公桌和整洁的环境。他们计划宏伟项目……签订契约，但是把他们的梦想变为现实的，是那些普通的与工作斗争的人！应记住这一点，我的儿子！"

"如果所有的老板离开他们的办公桌停止工作一年，工厂机构仍能够高效率运转。如果像你爸爸那样的人不上班，工厂就运转不起来了。正是普遍的与工作斗争的人来完成伟大的工作！"

当安迪跨过门槛的时候，安迪强忍住眼泪并清了一下喉咙。

安迪的小儿子从地板上跳起来，高兴得眼里都放出了自豪的光芒。

他拥抱着安迪说："嘿，爸爸，我真为是您的儿子而感到自豪……因为您是完成伟大事业的特殊人中的一员。"

心灵感悟

社会是一个典型的金字塔结构，它的基础就是大多数"与工作斗争的人"。许多人也许难以爬到风光的塔尖上，但这并不意味着我们自身就没有价值，不值得尊重。劳动的人是最光荣的人，劳动是创造一切奇迹的基础。

不敢辜负的信念

拥有自信，就等于拥有能力；决心成功，往往就等于真正的成功。

——斯迈尔

15世纪中叶的一个夏天，航海家哥伦布从海地岛海域向西班牙胜利返航。

经历了惊涛骇浪的船员都在甲板上默默祈祷："上帝呀，请让这和煦的阳光一直陪伴我们返回到西班牙吧！"

但船队刚离开海地岛不久，天气就骤然变得十分恶劣了。天空布满乌云，远方电闪雷鸣，巨大的风暴从远方的海上向船队扑来。这是哥伦布航海史上遭遇的最大一次风暴，有几艘船已经被海浪打翻了，只一闪，便沉入了大海的深渊。船长悲壮地告诉哥伦布说："我们将永远不能踏上陆地了。"

哥伦布知道，或许就要船毁人亡了。他叹口气对船长说："我们可以消失，但资料却一定要留给人类。"

哥伦布钻进船舱，在疯狂颠簸的船舱里，迅速地把最为珍贵的资料缩写在几页纸上，卷好，塞进一个玻璃瓶里并加以密封后，将玻璃瓶抛

进了波涛汹涌的茫茫大海。

"有一天，这些资料一定会漂到西班牙的海滩上！"哥伦布自信而肯定地说。"绝不可能！"船长说，"它可能会葬身鱼腹，也可能被海浪击碎，或许会深埋沙底，但它不可能被冲到西班牙海滩上去！"

哥伦布自信地说："或许是一年两年，也许是几个世纪，但它一定会漂到西班牙去，这是我的信念。上帝可以辜负生命，却绝不会辜负生命坚持的信念。"

幸运的是，哥伦布和他的大部分船只在这次空前的海上风暴中死里逃生了。回到西班牙后，哥伦布和船长都不停地派人在海滩上寻找那个漂流瓶，但直到哥伦布离开这个世界时，那个漂流瓶也没有找到。

1856年，大海终于把那个漂流瓶冲到了西班牙的比斯开湾，而此时，距哥伦布遭遇的那场海上风暴，已经过去了3个多世纪。上帝不会辜负生命的信念，上帝没有辜负哥伦布的信念。

心灵感悟

很少有根本做不成的事情；之所以做不成，与其说是条件不够，倒不如说是信心不够。所以只要你有信心，你就已经成功了一半。

天生我才必有用

人的一生可能燃烧也可能腐朽，我不能腐朽，我愿意燃烧起来！

——奥斯特洛夫斯基

马林医生在读医科大学时，觉得一个医生让身体残废永不能复原的人和病入膏肓的人苟延残喘是最愚蠢的行为。马林主张让那些人无痛苦死亡，并且常和同班同学辩论这个问题。

"那么我们何必要来学医呢？"他的同学抗议道，"照顾残废和病入膏肓的人，正是医生的天职！"

马林总是反驳说："医生的责任是帮助病人恢复健康。如果病人完全没有康复的希望，那还是让他死了好。"

快毕业的一个晚上，他在医院值班，为一位住在贫民区的德国移民妇女接生。这位已有9个儿女的贫穷的母亲所产下的婴儿，一条腿比另一条腿短了许多。马林例行公事地向婴儿口中吹气，让他呼吸。但过了一会儿，马林心中就浮起一个念头："何苦呢？他一辈子都会一瘸一拐地走路。别的小孩一定会叫他'跛子'。我又何必帮他活下去？这个世界才不会缺少他这样的一个人呢。"

　　不过马林内心强烈的责任感，让他无法制止自己不去使那只肺脏运动，于是他继续努力。终于，婴儿发出喘气的声音，小脸渐渐红润，并且开始呱呱地大哭起来。

　　马林医生收拾好医具就离开了，一路上他不断谴责自己。他自言自语地埋怨着："我真不知道怎么搞的，这家人这么穷，本来小孩已经太多了！我为什么还要救这个有缺陷的小孩呢？少几个这样的残废人，对世界只有好处。"

　　很多年过去了。马林医生已经迁到一个小工业城市去行医。他的医术精湛，年轻时的激进思想已不复存在，如今的他只是许多辛勤工作的医生中的一个，从早到晚忙个不停，他救死扶伤，即使病人生不如死。因为希腊名医、医药之父希波克拉底的思想，终于战胜了他的偏激。

　　马林医生是个不幸的人，他的独子和儿媳在一次车祸中丧生，小孙女巴巴拉便由他抚养。他对她爱护备至。但在孙女十岁那年的夏天，一天早晨，她醒来时说觉得颈部僵硬，手和腿都痛。

　　起初马林医生以为是小儿麻痹症，后来才晓得这是一种罕见的病毒传染病。由于病症不常发生，医学课本中只浅显地提了一下。马林行医一生亦从未遇过此症，请教几位神经科医生，他们也都束手无策。他们表示这是绝症，会逐渐恶化，最后病人会全身瘫痪或部分瘫痪。

　　"不过，最近有一位年轻的医生发表了一篇文章，"一个神经科的医生对马林说，"文章里谈到他曾治愈身患这种绝症的病人。他的名字是密勒。如果我是你，就会和他联络。"马林带了巴巴拉到密勒医生的小型医院里，密勒医生曾在那里以创新性的物理疗法治愈过各种瘫痪的病人。马林发现，密勒医生走起路来一瘸一拐的。

　　密勒医生发觉马林医生正注意他的腿部，便说："就因为我这条跛腿，小孩都把我当自己人。孩子们叫我'跛子'，他们都觉得这绰号很有趣。我喜欢这个绰号。我觉得比我的真名更亲切。我的名字叫泰迪鄂斯，我一直认为这个名字过于严肃。我父母为我取这名字，是为了纪念那个为我母亲接生的医科大学生。"

泰迪鄂斯！马林医生努力压抑着自己的感情。他回想起当年做医科学生时曾对自己说过的一句话："这个世界才不会缺少他这样的人呢。"那时是多么的盲目啊！

面对着这位能令巴巴拉重新走路的医生，他伸出了手。

他说："有的人虽然有眼睛，对世界却毫无见识，比起这样的人，跛脚有什么关系。"

心灵感悟

曲折，在人生的旅途中难以避免。面对曲折，有人失去了奋进的勇气，熄灭了探求自身价值的热情，而有人却确立了进取的志向，鼓起了前进的风帆，从而磨炼出坚韧不拔的性格。

母亲的账单

当爱堆积起来时，可能就是一座山。

——伊索

　　小彼得是一个商人的儿子，经常到他爸爸做生意的商店里去瞧瞧。店里每天都有一些收款和付款的账单要处理。彼得往往受遣把这些账单送到邮局寄走。他渐渐觉得自己似乎也已成了一个小商人。

　　有一次，他忽然想出了一个主意：也开一张收款账单寄给他妈妈，索取他每天帮妈妈做点事的报酬。

　　某一天，妈妈发现在她的餐盘旁边放着一份账单，上面写着：母亲欠她儿子彼得如下款项：

　　为取回生活用品20芬尼

　　为把信件送往邮局10芬尼

　　为在花园里帮助大人干活20芬尼

　　为他一直是个听话的好孩子10芬尼

　　共计：60芬尼

　　彼得的母亲收下了这份账单并仔细地看了一遍，她什么话也没有说。

　　晚上，小彼得在他的餐盘旁边找到了他所索取的60芬尼的报酬。正当小彼得如愿以偿，要把这笔钱收进自己口袋时，突然发现在餐盘旁边还放着一份给他的账单。

他把账单展开读了起来：

彼得欠他的母亲如下款项：

为他在家里过的十年幸福生活0芬尼

为他10年中的吃喝0芬尼

为在他生病时的护理0芬尼

为他一直有个慈爱的母亲0芬尼

共计：0芬尼

小彼得读着读着，感到羞愧万分！过了一会儿，他怀着一颗怦怦直跳的心蹑手蹑脚地走近母亲，将小脸蛋藏进了妈妈的怀里，小心翼翼地把那60芬尼塞进了她的围裙口袋。

心灵感悟

在几乎一切商品化和货币化的今天，爱价值几何？母亲为儿子多年所做的一切她只要0芬尼，因为母爱从来没有要求过回报；爱是无价之宝，金钱不足以表现它的特性，因为爱是不可替代的。

方便顾客

你最感合适和最喜欢的商品，往往是专供陈列的。

——伊夫

为了方便顾客就餐，克罗克的麦当劳快餐连锁店一律采取"自我服务"的形式。顾客只需排一次队，便可将食品带走。快餐店保证在生意最忙时，也只需一两分钟就能将热气腾腾的快餐食物送入顾客手里。

同时，为了满足在美国高速公路四通八达的情况下，也能保证乘客有休息和吃饭的场所，克罗克的快餐连锁店还在高速公路两旁和郊区开设了许多分号，并在距店面十米远的地方装上对讲机。

餐馆上面标有醒目的食品名称和价格，乘客经过时，只需通过对讲机报上所需食品，车开到餐馆小窗口，就可一手交钱，一手取货，并可马上驱车上路。

为了让顾客携带方便，餐馆事先把卖给顾客的汉堡包和炸薯条装进塑料盒和纸袋，使食品不易在车上倾倒或溢出来。甚至连饮料杯盖，也预先划好十字口，以方便顾客使用。

克罗克处处为顾客着想，为了便于顾客辨认寻找，克罗克的快餐连锁店的门面都是十分醒目和引人注意的。他们的方法是：让麦当劳快餐连锁店的服务人员都穿上有明显花纹的制服；让麦当劳快餐连锁店的店门上都挂上耀眼的拱形"M"字霓虹灯标志，使慕名前来的顾客无须费劲就可以找到。

除此之外，克罗克的麦当劳快餐连锁店还以家庭消费为主，使家庭省心、省力、省时，更使每一个进餐者都有一种宾至如归的感觉。与其说越来越多的消费者去克罗克的快餐店是慕名汉堡包，不如说是为了去感受家庭生活的乐趣。

心灵感悟

经济繁荣时代，物质的充裕远不是人们的至上追求，全面、周到、人性化的服务日益受到人们的青睐，满足人们精神上的需要应是商家们努力的方向。

夫妻之间

爱是生命的火焰，没有它，一切变成黑夜。

——罗兰

赖利和乔安是一对平凡的夫妻，住的是中等社区的普通房子。就像其他平凡的夫妻一样，他们努力挣钱维持家计，同时积极为孩子的未来打算。

人说做夫妻没有不闹别扭的，当然，他们也会为了婚姻生活的不如意而吵架拌嘴，相互责备。

但有一天，一件不寻常的事情发生了。

"你知道吗，乔安，我有个神奇衣柜，每次我一打开抽屉，里面就摆好了袜子和内衣。"赖利接着对乔安说，"谢谢你这些年来帮我整理衣物。"

乔安听了之后，拉下眼镜瞅着赖利问道："你想干什么？"

"我没别的意思，我只是想表达心中的谢意。"

乔安心想："反正这也不是赖利第一次说些莫名其妙的话，所以对这事也不特别在意。"

"乔安，这个月开出的十六张支票中，有十五张的号码登记正确，刷新以前的纪录了。"

乔安停下了手边的工作，一脸狐疑地望着赖利："你老是抱怨我把支票号码登记错误，今天怎么改变态度了？"

"没特别理由，谢谢你这么细心，注意到这些小事。"

乔安摇了摇头，继续拿针缝补衣物。"他到底哪里不对劲呀？"她不解地喃喃自语。

然而，乔安第二天在超市开支票时，不自觉地留意是否写对了支票号码。"我怎么突然会去注意那些无聊的支票号码呢？"她自己也觉得纳闷儿。

乔安最初试着不去在意赖利的改变，但他的"怪异言行"却有"变本加厉"的趋势。

"乔安，这顿晚餐好丰盛呀！真是辛苦你了，过去十五年中，你为我和孩子至少煮了一万四千多次饭。"

"乔安，屋子看来真干净，你一定费了不少力气打扫吧？"

"乔安，谢谢，有你陪在身旁真好。"

乔安心中的疑虑渐增："他以前不是老爱讽刺我、批评我吗？"

不只是乔安觉得奇怪，连16岁的女儿雪莉也发现老爸有180度的大转变："妈，爸的脑袋坏了。我搽粉涂口红，穿得又邋里邋遢，他居然还说我打扮得很漂亮。这不像爸，他到底怎么了？"

即使妻女有百般的怀疑与不解，赖利仍然不时地表达他的谢意或赞美。

数周过后，乔安渐渐习惯了老公"诡异的甜言蜜语"，有时还会压着嗓子回他一句"谢谢"。虽然她心中颇受感动，但表面仍是一副若无其事的模样。直到有一天，赖利走进厨房对她说："把锅铲放下，去休息吧，今晚的菜我来张罗就行了。"

许久没有动静，"谢谢你，赖利，真的很谢谢你。"

乔安现在自信心大增，情绪也不似往常般起伏不定。她有时嘴上还会哼哼歌，连走路的步伐都要轻快许多。她心想："我还真喜欢赖利现

在这个样子呢！"

也许故事到此应该结束，但后来又发生了另一件极不寻常的事——这次换乔安开口说话了："赖利，谢谢你多年来辛苦养活这个家，我想我从没向你表示过心里的感激。"

心灵感悟

　　爱人之间，不管是因为误解也好，还是不经意也罢，如果时常怀有一颗"承认错误"之心，那将会弥补很多生活的漏洞。抓住机会，和自己的爱人多些倾心的交流和沟通，是很幸福的事情。

回报的方式

事实上，最需要钱的人常常帮助了那些更需要帮助的人们。

——康纳德

一对法国农民夫妇15岁的儿子得了一种恶性皮肤病，那是他们的第一个孩子。

夫妇俩借了所有能借到的钱，领着儿子到处去看病。那年冬天，在马塞一家医院里，母亲陪护儿子治疗，儿子睡在病床上，母亲就和衣坐在冰凉的水磨石板上，几十个日日夜夜，她没有安静地睡过一宿觉。母子俩吃的都是从家里带来的面包，大夫们实在看不下去，午餐的时候，总会给他们打来两份牛排，而母亲依旧吃冷面包，把另一份留给儿子晚上吃。

后来，儿子的病情不断恶化，医生告诉母亲："孩子的病治不好了，维持生命需要很多的钱。"母亲回到病房，默默地收拾行李，然后平静地对孩子说："咱们回家吧。"说完，母子二人在走廊里抱头痛哭了整整一夜。天亮时，便乘火车回了家。

再后来，孩子的不幸遭遇被巴黎一些媒体报道了，好心的人们纷纷捐款，连学校的孩子也将自己的零花钱一分一分地捐了出来，希望能留

住他的生命。然而，这是一种非常严重的病，孩子还是死了。

孩子在离开人世之前，把能够知道姓名的好心人一个一个地记在笔记簿上，他告诉父母："我不想死，可我知道自己的病拖累了你们。我死之后，一定要把这些钱还给人家。"

终于有一天，孩子走了，走的时候脸上带着微笑，像睡着了的样子。

埋葬了孩子，这对可怜的父母显得苍老了很多。虽然家里已是空荡荡的，连生活都成问题，但他们还没有遗忘孩子的遗愿。夫妇俩变卖了家产，踏着积雪，敲开那一扇扇门，把钱一笔一笔地退给那些曾经帮助过他们的人，并对那些好心人说："孩子已经走了，多谢你们帮忙。"

人们拒绝接受，他们哭了："孩子的心愿不能违呀！"大伙只好含着泪收下，可是，那些无法退回的钱，他们却用来作为一个基金，谁家有病有灾的，尽可以拿去用。其实，他们正是最需要钱的。然而，他们却帮助了那些更需要帮助的人们。

他们说养了一年的牛可以卖了，种植的葡萄园也能收入点钱，他们想把那基金再充实一下……

心灵感悟

为什么感人的故事只发生在穷人身边？为什么最应该得到金钱和帮助的人，却那么慷慨地建立一个基金？在高度物质化的社会里，又有几个人能坚守这心灵的底线；在物欲横流的今天，哪里还留存着人类最后的良知？对照他们，在精神上是穷人还是富翁，我们应该怎样回答呢？

把敌人也要当人

爱你的仇敌吧，就像爱你的兄弟，因为爱可以溶解一切仇恨。

——梭罗

1944年冬天，苏军已经把德军赶出了国门，成百万的德国兵被俘房。每天，都有一队队的德国战俘面容憔悴地从莫斯科大街上穿过。当德国兵从街道走过时，所有的马路都挤满了人。苏军士兵和警察警戒在战俘和围观者之间。围观者大部分是妇女。她们当中的每一个人，都是战争的受害者，或者是父亲，或者是丈夫，或者是兄弟，或者是儿子，都让德寇杀死了。她们每一个人，都和德国人有着一笔血债。

妇女们怀着满腔仇恨，当俘房们出现时，她们把一双双勤劳的手攥成了拳头。士兵和警察们竭尽全力阻挡着她们，生怕她们控制不住自己的冲动。

这时，最令人意想不到的事情发生了：

一位上了年纪的妇女，穿着一双战争年代的破旧的长筒靴。她走到一个警察身边，希望警察能让她走近俘房。警察同意了这个老妇人的请求。

她到了俘虏身边，从怀里掏出一个用印花布方巾包裹的东西。里面是一块黑面包，她不好意思地把这块黑面包塞到了一个疲惫不堪的、两条腿勉强支撑着的俘虏的衣袋里。看着她身后那些充满仇恨的同胞们，她开口说话了："当这些人手持武器出现在战场上时，他们是敌人。可当他们解除了武装出现在街道上时，他们是跟所有别的人，跟'我们'和'自己'一样具有共同外形、共同人性的人。"

于是，整个气氛改变了。妇女们从四面八方一齐拥向俘虏，把面包、香烟等各种东西塞给这些战俘。

这些人已经不是敌人了，这些人已经是人了……

心灵感悟

究竟是把敌人变成人，还是把人变成敌人，这里体现了人类灵魂走向的两种可能性：一种走向通往天使，一种走向通往魔鬼。人类真是一个极其奇怪的群体，他们高贵的时候那么高贵，凶狠下流的时候竟然那么不讲道理。

幸福的秘密

　　获得幸福的秘诀，并不在为了追求快乐而全力以赴，而是在全力以赴之中寻出快乐。

——纪德

　　有位商人把儿子派往世界上最有智慧的人那里，去讨教幸福的秘密。少年在沙漠里走了40天，终于来到一座位于山顶上的美丽城堡。那里住着他要寻找的智者。

　　我们的主人公走进一间大厅，他并没有遇到一位圣人，相反，却目睹了一个热闹非凡的场面：人们进进出出，每个角落都有人在进行交谈，一支小乐队在演奏轻柔的乐曲，一张桌子上摆满了那个地区最好的美味佳肴。智者正在一个个地同所有的人谈话，所以少年必须要等上两个小时才能轮到。

　　智者认真地听了少年所讲的来访原因，但说此刻他没有时间向少年讲解幸福的秘密。他建议少年在他的宫殿里转上一圈，两个小时之后再回来找他。

　　"与此同时我要求你办一件事，"智者边说边把一个汤匙递给少年，并在里面滴进了两滴油，"当你走路的时候，拿好这个汤匙，不要让油

洒出来。”

少年开始沿着宫殿的台阶上上下下，眼睛始终紧盯着汤匙。两个小时之后，他回到了智者的面前。

“你看到我餐厅里的波斯壁毯了吗？看到园艺大师花十年心血创造出来的花园了吗？注意到我图书馆里那些美丽的羊皮纸文献了吗？”智者问道。

少年十分尴尬，坦率承认他什么也没有看到。他当时唯一关注的只是智者交付给他的事——不要让油从汤匙里洒出来。

“那你就回去见识一下我这里的种种珍奇之物吧，”智者说道，“如果你不了解一个人的家，你就不能信任他。”

少年轻松多了，他拿起汤匙重新回到宫殿漫步。这一次他注意到了天花板和墙壁上悬挂的所有艺术品，观赏了花园和四周的山景，看到了花儿的娇嫩和每件艺术品都被精心地摆放在恰如其分的位置上。当他再回到智者面前时，少年仔仔细细地讲述了他所见到的一切。

“可是我交给你的两滴油在哪里呢？”智者问道。

少年朝汤匙望去，发现油已经洒光了。

“那么这就是我要给你的唯一忠告，”智者说道，“幸福的秘密在于欣赏世界上所有的奇观异景，同时永远不要忘记汤匙里的两滴油。”

心灵感悟

顾此失彼是人们时常遭遇的生活状态，因而幸福常常被认为是可望而不可即的。如果可以，请握紧手中的所有；如果能够，请尽情享受生活的赋予。

帮

助

> 一个人的力量总是有限的，外力作为一种辅助力不可或缺。
>
> ——吕西蒙

　　早在15世纪，纽伦堡附近的一个小村子里住着一户人家，家里有18个孩子。18个孩子！光是为了糊口，一家之主、当金匠的父亲几乎每天都要干上18个小时——或者在他的作坊，或者替他的邻居打零工。

　　尽管家境如此困苦，但家中年长的俩兄弟都梦想当艺术家。不过他们很清楚，父亲在经济上绝无能力把他们中的任何一人送到纽伦堡的学院去学习。

　　经过夜间床头无数次的私议之后，他们最后议定掷硬币——失败者要到附近下矿四年，用他的收入供给到纽伦堡上学的兄弟；而胜者则在纽伦堡就学四年，然后用他出卖作品的收入支持他的兄弟上学，如果必要的话，也得下矿挣钱。

　　在一个星期天做完礼拜后，他们掷了硬币。弟弟阿尔勃雷喜特·迪奥勒赢了，他离家到纽伦堡上学，而艾伯特则下到危险的矿井，以便在今后四年资助他的兄弟。

　　阿尔勃雷喜特在学院很快引起人们的关注，他的铜版画、木刻、

油画远远超过了他的教授的成就。在毕业的时候，他的润笔费已经相当可观。

当年轻的画家回到他的村子时，全家人在他们的草坪上祝贺他衣锦还乡。吃完饭，阿尔勃雷喜特从桌首荣誉席上起身向他亲爱的兄弟敬酒，因为他多年来的牺牲使阿尔勃雷喜特得以实现自己的志向。

"现在，艾伯特，我受到祝福的兄弟，应该倒过来了，你可以去纽伦堡实现你的梦，而我应该照顾你。"阿尔勃雷喜特以这句话结束他的祝酒词。

大家都把期盼的目光转向餐桌的远端，艾伯特坐在那里，泪水从他苍白的脸颊流下，他连连摇着低下去的头，呜咽着再三重复："不……不……不……"

最后，艾伯特起身擦干脸上的泪水，低头瞥了瞥长桌前那些他挚爱的面孔，把手举到额前，柔声地说："不，兄弟，我不能去纽伦堡了。这对我来说已经太迟了。看……看一看4年来的矿工生活使他的手发生了多大变化！每根指骨都至少遭到一次骨折，而且近来我的右手被关节炎折磨得甚至不能握住酒杯来回敬你的祝词，更不要说用笔、用画刷在羊皮纸或者画布上画出精致的线条。不，兄弟……对我来讲这太迟了。"

心灵感悟

当你工作取得佳绩时，不要自认为那是一己的功劳，想想当初有谁为你做过什么，那才是明智之举。没有人——永远也不会有人能独自取得成功。

你在为谁打工

字典里最重要的三个词就是意志、工作、等待。我将要在这三块基石上建立成功的金字塔。

——巴斯德

　　齐瓦勃出生在美国乡村，只受过很短的学校教育。15岁那年，家中一贫如洗，他就到一个山村做了马夫。然而雄心勃勃的齐瓦勃无时无刻不在寻找着发展的机遇。三年后，齐瓦勃终于来到钢铁大王卡内基所属的一个建筑工地打工。一踏进建筑工地，齐瓦勃就抱定了要做同事中最优秀的人的决心。当其他人在抱怨工作辛苦、薪水低而怠工的时候，齐瓦勃却默默地积累着工作经验，并自学建筑知识。

　　一天晚上，同伴们在闲聊，唯独齐瓦勃躲在角落里看书。那天恰巧公司经理到工地检查工作，经理看了看齐瓦勃手中的书，又翻开他的笔记本，什么也没说就走了。第二天，公司经理把齐瓦勃叫到办公室，问："你学那些东西干什么？"齐瓦勃说："我想我们公司并不缺少打工者，缺少的是既有工作经验、又有专业知识的技术人员或管理者，对吗？"经理点了点头。不久，齐瓦勃就被升为技师。打工者中，有些人讽刺挖苦齐瓦勃，他回答说："我不光是在为老板打工，更不单纯为了

赚钱，我是在为自己的梦想打工，为自己的远大前途打工。我们只能在业绩中提升自己。我要使自己工作所产生的价值，远远超过所得的薪水，只有这样我才能得到重用，才能获得机遇！"抱着这样的信念，齐瓦勃一步步升到了总工程师的职位上。25岁那年，齐瓦勃又做了这家建筑公司的总经理。

卡内基的钢铁公司有一个天才的工程师兼合伙人琼斯，在筹建公司最大的布拉德钢铁厂时，他发现了齐瓦勃超人的工作热情和管理才能。当时身为总经理的齐瓦勃，每天都是最早来到建筑工地。当琼斯问齐瓦勃为什么总来这么早的时候，他回答说："只有这样，当有什么急事的时候，才不至于被耽搁。"工厂建好后，琼斯推荐齐瓦勃做了自己的副手，主管全厂事务。两年后，琼斯在一次事故中丧生，齐瓦勃便接任了厂长一职。因为齐瓦勃的天才管理艺术及工作态度，布拉德钢铁厂成了卡内基钢铁公司的灵魂。因为有了这个工厂，卡内基才敢说："什么时候我想占领市场，市场就是我的。因为我能造出又便宜又好的钢材。"几年后，齐瓦勃被卡内基任命为钢铁公司的董事长。

齐瓦勃担任董事长的第7年，当时控制着美国铁路命脉的大财阀摩根，提出与卡内基联合经营钢铁。开始的时候，卡内基没理会。于是摩根放出风声，说如果卡内基拒绝，他就找当时居美国钢铁业第二位的贝斯列赫姆钢铁公司联合。这下卡内基慌了，他知道贝斯列赫姆若与摩根联合，就会对自己公司的发展构成威胁。一天，卡内基递给齐瓦勃一份清单说："按上面的条件，你去与摩根谈联合的事宜。"齐瓦勃接过来看了看，对摩根和贝斯列赫姆公司的情况了如指掌的他微笑着对卡内基说："你有最后的决定权，但我想告诉你，按这些条件去谈，摩根肯定乐于接受，但你将损失一大笔钱。看来你对这件事没有我调查得详细。"经过分析，卡内基承认自己过高估计了摩根。卡内基全权委托齐瓦勃与摩根谈判，并取得了对卡内基有绝对优势的联合条件。摩根感到自己吃了亏，就对齐瓦勃说："既然这样，那就请卡内基明天到我的办公室来签字吧。"齐瓦勃第二天一早就来到了摩根的办公室，向他转达了卡内基的话："从第51号街到华尔街的距离，与从华尔街到第51号街的距离是一样的。"摩根沉吟了半晌说："那我过去好了！"摩根从未屈就到过别人的办公室，但这次他遇到的是全身心投入的齐瓦勃，所以只好低下自己高傲的头。

后来，齐瓦勃终于自己建立了大型的伯利恒钢铁公司，并创下了非凡的业绩，真正完成了他从一个打工者到创业者的飞跃。

心灵感悟

明确前方的路标是我们驶向正确道路的前提。然而更多的人因为驻足观望路边的景象而迷失方向；只有一直集中精力朝着同一目标前进的人才会最终到达目的地。

第三篇

友情和谐

朋友别哭

不论是多情的诗句，漂亮的文章，还是闲暇的欢乐，什么都不能代替亲密的友情。

——普希金

愈是黑暗的角落，愈容易播下善良的种子。

天气阴沉极了，珍妮坐在窗前，望着外面狭窄的街道，脸上写满了痛苦和厌倦。"天呀！"她叹息着说，"这又是一个多么漫长的白天啊！"她满怀希望地向街道的一端望去。

忽然她把身体向前倾，把她苍白的脸压在玻璃上。一个小男孩从街道的另一端走来，不时地把他的书包摆来摆去。走到窗下的时候，他抬起头，脱下帽子，轻轻鞠了一躬，脸上露出愉快、灿烂的笑容。

多可爱的一个小男孩啊！当小男孩走远后，珍妮暗想，他每天上学要经过这里，实在是太好了。他的微笑像阳光一样灿烂。我希望每一个路人都像他一样向上看，并且微笑。

"妈妈，"乔治·威斯特回家后追着母亲，"我总是在想我跟你说过的那个可怜的小姑娘。她看起来非常疲倦。今天我摘下帽子对她致意了。我希望能为她做点什么。"

"或许你可以在上学的时候给她带一束花。"威斯特夫人说。

"明天早晨我就给她带去，"乔治说，"如果我能找到进入那所旧房子的入口的话。"

第二天早晨，当珍妮百无聊赖地将头斜倚在窗户上，看雨滴一滴滴沿玻璃滑下的时候，她看见乔治手里握着一束花，小心翼翼地沿街道走来。他在她的窗下停住，愉快地微笑着，说道："我怎样才能找到你的房间？"

珍妮指了指附近的一个小过道，乔治费了点劲才找到通往暗黑楼梯的路。在珍妮的门前他敲了敲门，听到珍妮温柔地说："请进。"进了门，他说："我给你带来了一些花，在这样的下雨天你可以看看它们。"

"是送给我的吗？"珍妮问道，高兴地拍着手。"你真是太好了！"当乔治把花放到她腿上的时候，她接着说，"自从我们搬到城里，我还从没有看到过花呢！"

"你过去一直住在郊外吗？"乔治问道。

"是的，"珍妮说，"我们过去住在乡间一所漂亮的房子里，那儿有许多树木、花草，那儿的空气也好极了。"

"那你们为什么要搬到这里来呢？""噢，"珍妮轻轻地说，"爸爸去世了，妈妈又病了好久，我们的钱花光了。妈妈不得不卖掉乡间别墅，搬到这里来找工作。""你每天都得坐在这儿吗？"乔治边问边环顾了一下空空的屋子，望向窗外阴郁的街道。"是的。"珍妮说，"因为我的脚跛了，但如果我能帮妈妈做事的话，我并不在乎。""这太糟糕了！"乔治叫道。"噢，没那么糟。"珍妮平静地说。

"嗯，我必须赶去学校了。"乔治说道，他并不知道接下来该说什么。他很快就走出了珍妮的视线，但他心里觉得非常开心，因为他已经试着在帮助别人了。他并不知道，他已经把一个可怜的小女孩生活中沉闷的一天变成了一个开心的日子。

那天晚上，乔治告诉了妈妈珍妮的故事，并恳求说："妈妈，让爸爸给她们一些钱，这样她们就可以回乡下去了。"

"不，我们不能这么做。"妈妈说道，"爸爸不能那样做，而且她们也不想他那样做。但是或许我们可以想一些办法来帮助她们，让她们能生活得更好一点。"

"明天我要给珍妮带一些葡萄。"乔治边说边翻着手中的地理书。

"我会在篮子里再放一些桃子，然后和你一起去。"妈妈这样说着，"但是有一件东西我们应该一直带给她们，有时候这比好吃的东西，甚至比钱更重要。"

"那是什么，妈妈？——是微笑吗？"乔治抬起头问道。

"是的，"妈妈说，"如果能在微笑的同时再说些鼓励的话，那就更好了。"

心灵感悟

真正的友情不是施与，物质的东西总会稍纵即逝。有的时候，一个善意、鼓励的微笑远比丰厚的赠予更能激励人心。

珍惜是福

应该笑着面对生活，不管一切如何。

——伏契克

亨利6世时期，一个名叫特德的流浪汉很想成为一位富翁。

特德家境贫寒，从小到处流浪，努力寻求如何才能变成富翁的方法。他当过泥瓦匠，卖过服装，当过跑堂的伙计，还用多年积攒的钱贩卖过食盐。然而，几年过去了，他不仅没有变成富翁，反而将积攒的一点钱花得一干二净，他本人也因为屡屡失手而变得心灰意冷，他感叹人生无常、命运不公，觉得辛辛苦苦地干活也是无济于事，到头来还是个沦落街头、衣衫褴褛的流浪汉。

在一个风雨交加的夜里，一连三天水米未进的他跌跌撞撞地拐进了一座破教堂。雷电交加，照亮教堂里的一尊神像，他跪在地上，虔诚地向神诉求："神啊，你大慈大悲，为什么不能指点我一条成为富翁的路呢？"他饿得厉害，一下子瘫倒在地上。

冥冥之中，特德仿佛听见神的声音，神说："年轻人，世间的万物皆互为因果，因便是果，果即为因，从此以后，凡是你碰到的东西哪怕极为微小，你也要珍惜爱护。世上没有绝对无用的东西，为你遇上的人着想，你会有好报的。"

特德突然惊醒，神的话他却牢牢记在了心上，决心照神的指示去做，重新振作起来。次日清晨，他来到一条小河边洗了洗脸，见水面上浮着一片枯叶，上面一只小蚂蚁正在挣扎。他小心翼翼地捡起那片枯叶，将小蚂蚁放到地上。小蚂蚁迅速地领来了一群蚂蚁，他们排成黑压压的一队，指示特德往西南走去。果然，翻过一个小坡，下面是一片茂密的野果林。特德饱饱地吃了一顿，又摘了几个揣进怀里。他继续赶路，不久碰到一个躺在路边的商人，原来商人迷了路，已经几天没吃东西了。特德给了商人两个果子，商人甚是高兴，就送了特德一瓶灯油继续往前走。

天黑了，特德来到一间黑屋子前。屋里没有灯，只有孩子的哭声，原来这家人的孩子病了，天黑路远请不到医生，特德把灯油倒进油灯中，提着油灯请来了医生治好了孩子的病。

孩子的父亲十分感激年轻人，送了他一锭金子作为报答。特德用这锭金子买了一个果园，由于他为人厚道，帮助他的人很多。几年以后，特德有了自己的花园，成为远近闻名的富翁。

心灵感悟

学会把握，懂得珍惜自己所拥有的一切，这是一个成功的理念。即使你是一个一无所有的穷光蛋，但如果是个懂得珍惜的人，那你仍然是个很富有的人。

真正的朋友

真正的友谊，无论从正反看都应一样，不可能从前面看是蔷薇，而从后面看是刺。

——吕克特

约翰逊夫人是公司的总机接线员。电话总机设在信件收发室，而斯韦尔是那些邮差中的一员。

第一天上班，斯韦尔就见到了约翰逊夫人。她正坐在那里编织毛衣。一个同事悄悄对他说："她是有名的厉害女人，她会盯住我们的一举一动。收发室她说了算。"

同事没有胡说。一天早上，斯韦尔赶到收发室时已是8点32分了，约翰逊夫人尖刻地说："你迟到了。"

"只晚了两分钟。"

"最好早到两分钟，迟到的人永远别想有出息。"

只要电话总机没事，她就一边织毛衣，一边监督他们。休息时，她会把咖啡从休息室端到收发室来喝，还会边织边看他们搞什么花样。午休时她也织个不停。

自从斯韦尔买了双新皮鞋以后，他深信她开始厌恶自己了。

"好漂亮的皮鞋，"约翰逊夫人说，她放下手中的活儿，"让我看看你的新鞋。"

正如所料，看完之后，她大声说："鞋底太平了，这儿的地板不适合穿这种皮鞋，你会摔跟头的。"

"我会走好的！"斯韦尔大声回敬了她。

每天他的第一件事，是把经理办公室里的那些暖瓶装满水，并负责将它们送回办公室。穿上新皮鞋之后没几天的一个早上，斯韦尔一不留神滑了一跤，把经理一月前买的那只银质水瓶摔碎了。他吓坏了，慌忙跑回收发室，让同事出个主意。

"你干的好事！"约翰逊夫人说，"马上直接去见经理，告诉他你干了什么。"

"我会被解雇的。"斯韦尔喘息着说道。

"也许会，也许不会。"约翰逊夫人说，"你得正视自己犯的错。"

斯韦尔穿着那双该死的皮鞋站在经理面前，浑身发抖。经理无语地听着他的诉说，然后伸手接过暖瓶碎片，平静地说："我是该换个新水瓶了。"

斯韦尔兴奋起来："约翰逊夫人想坑我，没门。"

此后，斯韦尔的脑子里经常想起这件事。所以，当他听说被选去做银行存取业务的人是自己时，深感意外。

"我会尽力而为的。"斯韦尔发誓说。

会计部主任微笑着说："是约翰逊夫人推荐你的，她认为你有责任心，能干好工作。"

"约翰逊夫人？这怎么可能？"他有点吃惊。

圣诞节到来时，斯韦尔终于对约翰逊夫人的看法全部改观。哈，她给他们每人一件礼物。"打开看看。"她笑着说。里面是一件漂亮的菱形图案手编毛衣，这时斯韦尔和其他的同事才明白，原来她天天都是在为他们织毛衣。他一直以为她跟他们过不去，如今才明白，原来她天天是在为他们织毛衣，而且她只是把他们往正道上引，为了他们好。

她是个真正的朋友。斯韦尔流着泪套上毛衣，语无伦次地说着谢谢。圣诞节过后第一天上班，他一大早便来到公司，把一束美丽的鲜花摆在约翰逊夫人的总机台板上，他想让约翰逊夫人惊喜一下。这一次，她热泪盈眶了。

心灵感悟

　　人世间，爱情也许使人怦然心动，但是唯有友谊，真切而又执著。你的生命有多长，回忆就有多长。因为友谊是一生难寻的珍贵财富。

生命的召唤

爱是生命的火焰，没有它，一切变成黑夜。

——罗兰

记得小时候，当格纳住在加拿大挪瓦斯科塔乡下时，发生过一件事。邻居一位太太去世，鳏夫整日酗酒，根本不管孩子。村中有位寡妇把那家的一个男孩带回自己家。她很贫穷，又没上过学，但却竭尽全力照顾这浑身发抖、性情孤僻的孩子。他好像转眼间变了，个子长高了，性格也开朗了。但是他们和他不熟，谁也不跟他讲话，这使他很自卑。

有一天，他的养母看见他们在玩耍，而那孩子却躲在一边抽泣，没人理睬。她把他带回屋里，然后对他们大动肝火："我不准你们这样待他！这孩子也是人。现在的生活会影响他的一生。每次我使他稍微抬起头来，你们又把他压下去。你们不想让他活吗？"

许多年过去了，格纳一直忘不了这件事。它使格纳第一次领悟到深刻而严肃的人生哲理——人能成全他人，也能毁弃他人；互相帮助能使人奋发向上，互相抱怨会使人退缩不前。人与人之间的这种影响，就像阳光与寒霜对田野的影响一样。每个人都随时发出一种呼唤，促使别人荣辱毁誉，生死成败。

一位作家曾把人生比做蛛网。他说："我们生活在世界上，对他人的热爱、憎恨或冷漠，就像抖动一个大蜘蛛网。我影响他人，他人又影响他人。巨网振动，辗转波及，不知何处止，何时休。"

有些人专会鼓吹人生没有意义、没有希望。他们的言行使人放弃、退缩或屈服。这些人之所以如此，可能是因为自己受了委屈或遇到不幸；但不论原因如何，他们孤僻冷淡，使梦想幻灭、希望成灰、欢乐失色。他们尖酸刻薄，使礼物失值、成绩无光、信心瓦解，留下来的只是恐惧。

这种人为数不多，但类似的冷言冷语大家都遇到过。例如，妻子因丈夫身体虚弱、收入微薄，便讥笑他："你也配做男人。"又如，妻子努力学习烹调，而丈夫的酬答却是："我看你根本不是那块料。"再如，学生写了一篇有才华、有创见的论文，而老师却嫌他书法拙劣，有错别字。

这种人使人觉得没有办法应付人生，从而灰心丧气、自惭形秽、惊慌失措。但是那些生性爽朗、鼓励别人奋发、令人难以忘怀的人又怎样呢？和这些人在一起，会感到朝气蓬勃，充满信心。

格纳上小学时，遇到过这样一位好老师。她讲课生动，充满激情。她在课上念他们幼稚的作文时，他们看到她脸上惊喜的表情，听到她愉快的赞叹、会心的微笑或同情的低泣。每当他们的文笔有清新之处，她一定倍加鼓励。她的批评恳切而委婉："这里还可以加加工"，"那里还可以更深刻些。"

英国大诗人白朗宁也是这样的人。他使他的妻子伊丽莎白·巴莱特重获新生。伊丽莎白母亲去世很早，留下11个子女。伊丽莎白从小体弱多病，全家都对她特殊照顾，医生也怀疑她身患肺病，使伊丽莎白自己深信不疑，整日闷闷不乐，生活毫无乐趣。

她40岁时，遇到白朗宁。他对她一见倾心。见面一两天后，就给她写来热情洋溢的信。他否认她有任何疾病，消除了她的恐惧。他把她带出病室，和她结了婚。她41岁时周游了世界，43岁生下了一个健康的孩子。她的才华得到了充分施展。她后来写的诗充满了激情。不热爱生活的人是写不出这样的诗句的。

是的，人的一生非常曲折，甚至艰辛。但前途无穷，富有生机，充满机会。那些有希望的人都不是怨天尤人的人。

心灵感悟

珍惜自己的生命，便也使他人分享了你的活力。有给予，必有报答。人生和爱情一样，不会自己滋长，必须先给予而后才有发展。给予越多，生命便越丰富。

善的回声

善良的心永远像远方的皓月一样美丽动人，最为纯洁。

——莎士比亚

1886年12月的一个黄昏，贫穷的荷兰画家文森特·梵高，因为付不起房租，被迫冒着刺骨的风雪来到一家廉价的小画铺的门前，几乎是央求着老板开了门，希望能收购下他的一幅刚刚完成的静物画。

是的，这个年轻的、尚未成名的画家太贫穷了。他一个人流落在异乡，身边既无亲人也无朋友。虽然他每天都要从事14～16个小时的绘画工作，但他的画却一张也卖不出去。他因此而受尽了世人的歧视与冷遇。

但实际上呢，他连这么一点小小的希求都达不到。

他在另一封信上诉说道：

"这几天我过得很不愉快。星期四我的钱已花光了，4天来我靠20杯咖啡加一点点面包为生，面包钱还是欠了人家的。今晚只剩一块面包皮了……然而创作却深深地吸引着我，我像苦力一样画着我的油画……"

生活是这样的不公平，梵高又是如此的贫困无助！他知道，这个冬天，如果再卖不出去一幅画，那么只有被赶出旅店而露宿在风雪街头了……

还算幸运，小画铺的老板勉强买下了他的一幅静物画，给了他 5 个法郎。对于梵高来说，这算是最大的恩宠了。他紧紧地攥着这 5 个法郎，赶忙离开了小画铺。

可是，就在这风雪交加的归途上，他忽然看见一个衣衫褴褛的小女孩，刚从圣拉萨教堂里走出来。小女孩很美丽，但从她那一双可怜的孤苦无助的眼睛里，梵高一下子就看出来了，她也正处在饥寒交迫之中。

"可怜的孩子！"梵高用忧郁的目光注视着这个正在哀求的女孩，喃喃地说道："没有错，当风雪降临到世界的时候，所有的穷人都是困苦的，可是那些富人是不会懂得这些事的。"

这样想着的时候，梵高完全忘记了房东此时正守在他的住处，等着他回去交房租呢。他毫不犹豫地把自己刚刚拿到手的 5 个法郎，全部送给了这个素不相识的、楚楚可怜的小女孩。他甚至还觉得自己所给予这个小女孩的帮助太少、太无济于事，于是便满脸惭愧地、逃也似的离开了小女孩，消失在凛冽的风雪之中……

4 年之后，文森特·梵高——这位尝尽了世间的饥饿炎凉和人生的孤独贫困的艺术家，便在苦难中凄惨地辞别了人世。这个可怜的画家，他仅仅活了37岁！

梵高生前的绘画成就始终没有得到世人的承认，但他死后，所留下的作品却成了整个世界仰之弥高、光彩夺目的珍品。

更没有人会想到，1886年冬天的那个黄昏，他那幅仅仅卖了 5 个法郎的静物画，若干年后，在巴黎的一家拍卖行的第九号画廊里，有人出价数千法郎买下了它！

心灵感悟

善是心灵的美德，它不是一种学问，而是一种行为。不同的时代里，人们需要的总是同一种善良。因为它会带给我们幸福，始终如一。善良的心就是太阳。

化敌为友

选择朋友要谨慎！地道的自私自利，会戴上友谊的假面具，却又设好陷阱来坑你。

——克雷洛夫

从前，苏伯比亚小镇有两个叫乔治和吉姆的邻居，但他们确实不是什么好邻居。虽然谁也记不清到底是为什么，但就是彼此不睦。他们只知道不喜欢对方，这个原因就足够了。

所以他们时有口角发生。尽管夏天在后院开除草机除草时车轮常常碰在一起，但多数情况下双方连招呼也不打。

后来，夏天晚些时候，乔治和妻子外出两周去度假。开始吉姆和妻子并未注意到他们走了。也是，他们注意干什么？除了口角之外，他们相互间很少说话。

但是一天傍晚，吉姆在自家院子除过草后，注意到乔治家的草已很高了。自家草坪刚刚除过看上去特别显眼。

对开车过往的人来说，乔治和妻子很显然是不在家，而且已离开很久了。吉姆想这等于公开邀请夜盗入户，而后一个想法像闪电一样攫住了他。

"我又一次看看那高高的草坪，心里真不愿去帮我不喜欢的人。"吉姆想。

不管他多想从脑子里抹去这种想法，但去帮忙的想法却挥之不去。第二天早晨，他就把那块长疯了的草坪除好了。

几天之后，乔治和多拉在一个周日的下午回来了。他们回来不久，吉姆就看见乔治在街上走来走去。他在整个街区每所房子前都停留过。

最后，乔治敲了吉姆的门。吉姆开门时，乔治站在那儿正盯着吉姆，脸上露出奇怪和不解的表情。

过了很久，他才说话："吉姆，你帮我除草了？"这是他很久以来第一次叫他吉姆。"我问了所有的人，他们都没除。杰克说是你干的，是真的吗？是你除的吗？"他的语气几乎是在责备。

"是的，乔治，是我除的。"

乔治犹豫了片刻，像是在考虑要说什么。最后他用低得几乎听不见的声音，嘟囔着说了声谢谢之后，急转身马上走开了。

乔治和吉姆之间就这样打破了沉默。他们还没发展到在一起打高尔夫球或保龄球的亲密程度，他们的妻子也没有为了互相借点糖或是闲聊而频繁地走动。但他们的关系却在改善。至少除草机开过的时候他们相互间有了笑容，有时甚至说一声"你好"。先前他们后院的战场现在变成了非军事区。谁知道他们会不会分享同一杯咖啡呢？

心灵感悟

不论在什么情况下，当我们要责怪别人的时候，一定要先检讨自己，搞清真相，即使责任在对方，我们也可以采取更宽容些的态度，率先迈出化敌为友的一步。

患难之交

真正的朋友不把友谊挂在嘴上，他们并不为了友谊而互相要求一点什么，而是彼此为对方办一切办得到的事。

——别林斯基

乘救护飞机从菲律宾起飞的航程真是累得人精疲力竭。柯林斯他们先是在日本、然后在阿拉斯加、再在伊利诺伊等各空军基地停留，直至最后降落在首都华盛顿。

柯林斯从华盛顿给住在纽约白原的亲属打了电话。他知道，明天他就要被送往新泽西州的迪克斯堡，然后，于1967年的7月4日的周末再被送到费城郊外的溪谷福治总医院。

就在柯林斯挂断电话之前，他对母亲说："妈妈，你最好给迪基打个电话。"他会给柯林斯的朋友传话，告诉他们柯林斯已经从越南回国，失去了一只胳膊和一条腿。他会负起责任的。俩人是在幼年童子军相识的，大概小学四年级的时候吧。从那以后他们就总是顶牛。他至今还说，那是六年级的事。第二天，柯林斯母亲和两个姐妹到迪克斯堡医院来探望他，这是他们六个月以来第一次见面。柯林斯的样子惨不忍睹：体重只剩下102磅，幸存下来的那条腿上也有许多大伤口，双眼深

95

陷进眼窝里，全身插满了管子。总之，柯林斯再也不是他们第二次去越南前所见到的那个身高6.2英尺、体重180磅、头戴绿色贝雷的柯林斯了。

在柯林斯的家人离开之后，他的房间挤满了迪克·埃利希以及由他集拢来的几位朋友。即使柯林斯当时的外貌使他感到震惊，他也没有流露出来。一年后他告诉柯林斯："你当时看上去就像是被单上的一条卷纹，真是太瘦小了。"柯林斯所能记住的，只是当他腋下夹着装有六个瓶装食品的纸匣大步流星跨过门口时，柯林斯的泪水禁不住直往下淌。当他们准备离去时，柯林斯的一位朋友牛蒂说："你得准备好过劳动节，我们要把你带到长岛的家里。"对于柯林斯来说那是很遥远的事，当时他只希望能把他的疼痛止住。

在以后的两个月里，只要有可能，迪克就从很远的地方来医院看望柯林斯，这段路程要花掉他三个半小时的时间。其他朋友也常来。他每个星期都给柯林斯打电话。他想象不到，在柯林斯的家人和熟人面前装作若无其事之后，伏在他的肩膀上哭泣对柯林斯来说意味着什么。只要他在那里，那就意味着比什么都重要。劳动节到来时，柯林斯的朋友们按原定计划要柯林斯和他们一起去度周末。柯林斯吓坏了，他必须要离开医院这个安全地带了。于是柯林斯开始编造各种借口，但是他们来了，非要把他带走。

周末过得很愉快，看来生活还不是完全糟糕。柯林斯甚至鼓起勇气叫迪克替他把腿部残肢上的敷料换掉。他并没有畏缩。柯林斯怀疑，如果换了他自己，他是否也能为他这样做。

迪克开车把柯林斯送回医院。劳动节那天在路上颠簸了四个小时之后，他把车停在医院附近的一家饭店前。柯林斯态度强硬起来，迪克假装没有注意到他的偏执，只是说："想吃点什么吗？我饿坏了，开车回家还有好长一段路呢。"

"我不饿，"柯林斯答道，"我在车里等你好了。"

他把手放在柯林斯的肩膀上，双眼直视着柯林斯的眼睛。"瞧，尽

管我痛恨那场战争，但你还是我的朋友，我为你感到骄傲。好了，让我们试试吧。你单脚跳着坐到轮椅里，我把你推到餐厅的座位前，你再从轮椅里跳出来，坐下，然后我们就吃东西，好吗？如果这令你感到难受，我们离开就是了。我答应你，我向你保证，事情不会弄到你想象中那样糟的，不会完全是那样的。"

事实的确像他所说的那样，情况真的不是那么糟糕。这对柯林斯来说无疑是又一次炮火的洗礼，是第一次跳伞，第一次交火，柯林斯没有被生活淘汰。

第二年夏天，柯林斯依旧在医院里进行治疗，但他却在海滩度过了另一个周末。那时柯林斯已经重新装上了一只假臂和一条木腿。柯林斯努力地通过了到达沙滩的路。

迪克还记得，在他们还是十多岁的孩子时，柯林斯是多么喜爱作冲浪运动，所以他问柯林斯："想冲浪吗？"

"不，我想，看看书就行了。"

"冲浪会令你心烦吗？"他问道。

"那么，看来我们最好还是冲浪了。"

柯林斯拿掉他的假臂和假腿，扶着他的肩膀，然后单脚跳进浪涛中。柯林斯一往无前。

就在那一年柯林斯迁到加利福尼亚读大学，然后又进了法学院。在后来的几年中，每当有什么事令他"心烦"时，他都像那次冲浪一样，决不退缩。他学会了滑雪，还学会了跳降落伞，并用了三个夏季环游世界。

从1979年至1981年，柯林斯经管加州自然资源保护队，那是为18～23岁的青年人作出的工作安排。在"基础训练"结束时，柯林斯总是问那些队员，他们是否看过《猎鹿人》，那些知道这部电影的人全部认为，那是一部与越南有关的电影。而柯林斯总是耐心地向他们解释："不对，那是一部关于友谊的电影，是一部描述那些毫不犹豫地为你做一切事情的人的电影。"

37年前柯林斯遇上了他的猎鹿人。

谢谢了，迪基。

心灵感悟

　　患难见知己，烈火炼真金！当你落难时，第一个向你伸出援助之手的就是朋友；当你成功时，在人群中默默为你祝福的人就是朋友；当你失意时，一直鼓励你不要放弃努力的人就是朋友；当你孤单时，你最想见到的那个人就是朋友……朋友是真心，朋友是金钱买不来的。

最好的时刻

> 如果有一天，我能够对我的公共利益有所贡献，我就会认
> 为自己是世界上最幸福的人了。
>
> ——果戈理

十月革命之后，年轻的苏维埃政权面临着资本主义国家的封锁，经济处于困难时期。

列宁的夫人克鲁普斯卡娅那时任教育部主任。一天，一位小学女教师来访，她带给克鲁普斯卡娅一张图画，上面画着一个三角形，形内有一个圆，她说对这个图画感到困惑。克鲁普斯卡娅问她要求学生画些什么，女教师回答说要求他们画自己心中最美好的东西。克鲁普斯卡娅研究了良久，也弄不清楚。于是她决定亲自去问问这画的作者。可是女教师告诉她那位学生已经离校很长时间了。

但是终于她们找到了那个男孩儿，在一个非常低矮的，非常潮湿的，非常阴暗的小草房里，他正在照料卧病在床的母亲。那位面色苍白的母亲告诉克鲁普斯卡娅：她的丈夫在十月革命中牺牲了，她替别人洗衣服、打短工来供她唯一的儿子读书。经常没有吃的，住在这样的房子里还是总欠下房租。女教师问她的学生那幅画的含义时，那男孩指着草

99

房里唯一透光的三角形天棚说："每天太阳出现在那里的时候是最好的时刻。"

克鲁普斯卡娅的心受到了极大的震撼。她回到办公室里，撰写了一篇提议，交给苏维埃中央委员会。文中写到："由于我们的工作，不可能接触许多的贫民，但是今天我们看到了其中的一个，就应该想到还有成千上万的这样的人们。他们的父亲和丈夫为苏维埃政权而献身，而现在我们的政权却还眼看着他们忍受着饥饿和苦难。我们应该采取行动了！我们应该让孩子们知道在我们的国家里，还有比太阳出现在天棚的三角架里更加美好得多的东西！"

后来，这项建议转到列宁那里，列宁极为重视，并授权中央委员会专门成立了一个"烈士家属生活委员会"，并对剥削人民的奸商、投机商们处以极端严厉的惩罚。

不久以后，纳粹德国进攻苏联。苏维埃号召人们参加伟大的卫国之战。尽管独生子女是可以免征入伍的，但前面提到的那位母亲却坚决要把儿子送上前线。她流着泪对劝说她的人讲："我的丈夫为建立苏维埃而战死，我的儿子要为保卫她而战，因为苏维埃是我自己的政权！当我生病的时候，她把我送进医院；当我饥饿的时候，她给我黑面包；当我没有地方住的时候，她给我房子；当我没钱送儿子读书时，她给我们助学金。现在，当她需要人去保卫的时候，我要把我最好的献给她！"

心灵感悟

饱受困苦的人民懂得美好的生活来之不易，也更加珍视来自社会大家庭的温暖。他们不会因生活的贫困而放弃作为公民的职责，更加奋不顾身地投入其中。

最纯真的祝贺

儿童是进入天堂的钥匙。

——理·斯托达德

你知道，卢浮宫是一个博物馆，那里的名贵古物中有一件最感人的东西，就是一块大理石像的断片。它有许多地方显得很破旧，但上面刻的两个手里拿着花的人却仍然可以看得很清楚。这是两个美丽女子的形象。她们在彼此交换莲花——当时被认为是神圣的花。我们的学者们对这两位姑娘做过许多思考。可是他们从来没有弄清楚为什么这两个姑娘各人手里要拿着一朵花。

苏珊小姐可是一会儿就弄清楚了。

她的爸爸因为要在卢浮宫办点事，就把她也带到那儿去了。苏珊姑娘观看那些文物，看到了许多缺胳膊、断腿、无头的神像。她对自己说："啊！对了，这都是一些成年绅士们的玩偶。我可以看出这些绅士们把他们的玩偶弄坏了，正像我们女孩子一样。"

但当她来到这两位姑娘面前时，看到她们每人手里拿着一朵花，她便给了她们一个吻——因为她们是那样娇美。接着她父亲问她："她们为什么相互赠送一朵花？"

101

苏珊立刻回答说："她们是在彼此祝贺生日快乐。"

她思索了一下，又补充了一句："因为她们是在同一天过生日呀。她俩长得一模一样，所以她们也就彼此赠送同样的花。女孩子们都应该是同一天过生日才对呀！"

现在苏珊离开卢浮宫博物馆和古希腊石像已经很远了，她现在是在鸟儿和花儿的王国里。她正在草地上的树林里度过那美好的春天。她在草地上玩耍——而这也是最快乐的玩耍。她记得这天是她的小丽雅克妮的生日，因此她要采一些花送给她，并且吻她。

心灵感悟

有些事情并不像我们想象的那么复杂，如果能够像小孩子那样天真无邪地看待它，你也许会感到轻松。

朋友和工作

　　如果我们想交朋友，就要先为别人做些事——那些需要花时间、体力、体贴、奉献才能做到的事。

——卡耐基

　　马可先生是一家公司的总裁。他有一位翻译，是他的老乡加朋友，合作得很不错，但他时刻担心朋友做出什么事，让他进退两难。因为这位朋友太重感情。

　　果然，一次，在马可先生和德国人谈一笔压缩机生意时，朋友迟到了20分钟，谈判也就因翻译缺席延迟了20分钟。德方因此就怀疑他们的信誉，生意告吹。

　　"你知不知道这是笔大生意？"

　　"我的女朋友病了，我送她去医院！"

　　"你可以请人送她去！"

　　"她是我的女朋友，不是别人的女朋友！"

　　"你可以谈完生意再去看她！"

　　"她需要我在她身边给她勇气！"

　　"你怎么这么不知轻重？"

"你怎么这么不懂感情？"

"女人有的是，生意机会不会重来！"

"钱还可以再赚，感情遗憾没法弥补！"

马可先生后来说，他也不忍心处罚朋友，但他说服自己，逼着自己残忍。他也知道钱还可以再赚，朋友交情一旦失去，就再难找回来。但他就怕自己狠不下心，以后在残酷的生存竞争中也心慈手软，所以他把处罚这个朋友作为自己战胜自己的契机。

那位朋友起初以为马可能够原谅他，为朋友可以两肋插刀、赴汤蹈火，还不能认亏一次？所以他在马可的处罚面前感到震惊和愤慨。但他终究是一个够朋友的汉子，很快就意识到在自己埋怨马可不够朋友时，自己也不够朋友，他深知经商的艰难，终于理解并原谅了马可。他主动提出辞职，因为他知道自己要是再遇到相同的事，还会有相同的选择。他决定自己办公司，再要感情用事是亏自己，不会拖累朋友。

心灵感悟

每个人都会遇到事业和感情冲突的问题，厚此薄彼，重此轻彼都会留下缺憾。唯一能做的是明白自己要的到底是什么，根据具体的情况分清孰轻孰重，这样才能尽量让这架天平不失衡。

修补友谊

人世间所有的荣华富贵不如一个好朋友。

——伏尔泰

一位原来与爱德华·齐格勒保持着亲密友谊的朋友，开始与他疏远了，他俩之间仅存的只剩僵持和紧张。而骄傲和矜持又使齐格勒不愿与这位朋友电话联系。

但有一天，他很偶然地拜访了另外一位做了多年牧师和法律顾问的老朋友。交谈中，他们谈到了友谊，谈论着如今的友谊似乎比以前更为脆弱。在齐格勒话间以他自己与那位友人的友谊作例时，他对齐格勒说："友谊是很神秘的东西，有些会持续很久，而有些则稍纵即逝。"

眺望着窗外树木葱郁的佛蒙特群山，他用手指向附近的农场说："那儿原本有一幢很庞大的仓库。一栋红颜色的房子附近，看上去像是一座大型建筑物倒塌后留下的废墟。"

它可能是19世纪70年代时造就的，本来非常结实牢固。随着当地人离开这里迁往中西部沃土区后，就坍塌了。它的房顶需要经常修补。可后来却无人顾及它了。雨水从屋檐外面渗到里边，并浸入到屋梁和立柱上面去。

"有天刮起了狂风，整幢仓库开始剧烈地摇晃。在这个地方就可以听到它发出的咯咯吱吱的声响，起初，那声音听上去似一艘破旧的帆船在水中挣扎；接着就传来咔咔嚓嚓的巨响。再后来就是一声震耳欲聋的轰响传了过来。眨眼工夫它便变成了一堆杂七乱八的废木料。"

这位朋友说他在脑子里将这座仓库的倒塌想了许久许久，后来终于意识到建设房屋与建立友谊两者间有不少的共同之处：无论你的力量多么强大，成就多么显赫，但你的重要性却完全维系并存在于你与别人的联系中。

"友谊需要关怀，"他说，"这同那仓库的屋顶需要维修一样。该写的信未动手，该致谢时却没有，对人失去信用以及与人争吵后不及时重归于好——所有这一切如同侵蚀木钉的雨水，势必会减弱栋梁之间的联结。"

朋友摇摇头说："那本来是一栋很结实的仓库，修修补补并不费多大事，可现在却再也不可能重建了。"

下午齐格勒要告别时，朋友突然问道："你不想用我的电话给那个朋友问个安吗？"

齐格勒回答说："对，我应该用一下。真谢谢您的提醒。"

他们又和好如初了。

心灵感悟

如果你真的非常珍视你们之间曾经的美好关系，请记住，这是曾经的事情了，美好的事物只有不断的维护，才会持久。

奇迹般的爱

生活就像个洋葱，你只能一次剥开一层，有时还会流泪。

——戴高乐

这是圣诞节前夕的一个傍晚，街道上张灯结彩，熙来攘往的人们正忙着采购圣诞礼物。吉姆站在自己开的那家小小的古玩店的柜台后面，呆呆地望着兴高采烈的人们，心想自己也许是世界上最孤独的一个人了。

吉姆的父亲生前是这家古玩店的老板。父亲死后，店铺就留给了吉姆。吉姆将店铺收拾得干干净净，门口的橱窗里整齐地摆放着各式各样漂亮的装饰品和古玩。

将近7点，吉姆看见一个8岁左右的小女孩走进店里，她将红扑扑的小脸蛋贴近橱窗的玻璃，一双天真烂漫的大眼睛专心致志地朝里瞅，似乎要将每样东西都仔细地端详一遍。过了好一会儿，小女孩脸上露出笑容，心满意足地走到柜台前。

吉姆站在柜台后面，神情憔悴，一双无神的眼睛打量着面前的小女孩，心里却满是落寞凄凉的滋味。

"你能将橱窗上那串漂亮的蓝珠子项链拿给我看看吗？"女孩犹豫

片刻，终于怯生生地问道。

吉姆从橱窗里取出项链，轻轻地展示给女孩。那是一串镶嵌着蓝宝石的价值不菲的项链，它看起来是那样玲珑剔透，美丽极了。"对，就是这串！"女孩兴奋不已，"请您用那种红颜色的包装纸给我包起来，行吗？"

吉姆仍然不动声色地打量着她："你是在给谁买礼物呀？"

"给我姐姐，她是天底下最最好的人，在我妈妈死后，她一直照看我。我每天放学以后都去卖花，我将卖花的钱都攒了起来，为的是在圣诞节给她送一件最最漂亮的礼物。"

"那么，你有多少钱？"吉姆问道。

女孩从口袋里掏出一块手帕，一层层打开后，将一大把零钱放在柜台上，"就这些，这是我卖花得来的所有的钱，还有姐姐平时给的零花钱，都在这里。"

吉姆的内心顿时仿佛被什么东西轻轻拨动了一下，眼光里开始出现一种异样的光彩。他默默地看着女孩，思忖片刻，然后小心翼翼地撕去项链上的价格标签，他怎能让她看到实际的价格呢？

"你叫什么名字？"他一边问着，一边将项链用一张鲜艳的红纸细心地包好。

"我叫温妮。"女孩目不转睛地看着吉姆手中的动作，喜形于色地答道。

"拿去。"吉姆又说，"路上要当心，不要弄丢了。"

女孩向他露出甜甜的笑容，将小包紧紧地搂在怀里，轻快地跑出了店门。瞧着渐渐远去的温妮，吉姆觉得自己完成了一件至关重要的大事，同时也感到更加孤单了。

小女孩和那串蓝宝石项链又一次将深藏在吉姆心中的痛苦记忆唤醒。小温妮阳光般金黄灿烂的头发和海水般深透湛蓝的眼睛使吉姆想起了自己曾经深爱过的一个姑娘，那位姑娘有着同样的金色头发，同样湛蓝的眼睛，这串蓝宝石项链正是吉姆专门准备送给她的。然而，就在那

一年圣诞节前夜,一辆疾驶的汽车夺去了吉姆痴心相恋的姑娘的生命。

从此以后,吉姆变得孤僻起来,他一直过着单身生活。白天,他按部就班地与顾客谈生意上的事;晚上,关上店门后,便独自咀嚼昔日的伤痛。日复一日,他沉浸在这种自怨自艾的生活中不能自拔。

此刻,这名叫温妮的小姑娘又使那伤感的回忆复现眼前,吉姆倍感惆怅,以至于在接下来的时间里,他真想闭店谢客,躲开纷至沓来购买圣诞礼物的人们。

终于,最后一位顾客走出了店门,吉姆顿感一阵轻松,一切都过去了,新的一年很快就要开始了,可它又会给自己带来什么呢?

不,对于吉姆来说,这个喧嚣的圣诞之夜并没有过去。古玩店的门被轻轻推开了,一位美丽的年轻女子走了进来,她的秀发如阳光般金黄灿烂,她的眼睛似海水般湛蓝深邃。

女郎一言不发,只是将一个用鲜艳的红纸包着的小包放在柜台上。吉姆打开小包,那串蓝宝石项链又重新呈现在他眼前。

"这是在您店里卖出去的吧?"女郎开门见山地问。

吉姆打量着眼前这位美丽女郎,宛如碰到了一位在圣诞节降临人世的仙女。

"是的,尽管它并不是最昂贵的蓝宝石,但它确实是真的。""您还记得将它卖给了谁了吗?"

"一个叫温妮的小姑娘,说是要为她姐姐买圣诞礼物。"

"我就是温妮的姐姐爱尔莎,可温妮最多只有几美元,她无论如何也买不起这么昂贵的项链啊!"

吉姆小心翼翼地用那张鲜艳的红纸重新将项链包好,就像他先前为小温妮做的那样。然后,他深情地说道:"她买得起,她付了一个人所能付的最高价!因为她拿出了自己全部的钱!"

许久,这小小的古玩店里静无声息,两个人默然相对。突然,教堂的钟声响了,那清脆的钟声在这寂寥的圣诞之夜回荡。

"可是,您为什么要那样做呢?"爱尔莎终于说话了,她的眼神里充满了关切之情。

吉姆将重新包好的蓝宝石项链放在女郎手中："这本是为我最心爱的人准备的圣诞礼物，可是她不在了。我没有任何人可送礼物了。我将它送给了一个用全部爱心来购买它的小姑娘，我觉得这很值得。"

吉姆又朝女郎望了一眼，继续说道："现在已是圣诞节凌晨了，请允许我送您回家好吗？我愿意在您家门口，第一个祝贺您圣诞快乐。"

就这样，在圣诞的钟声里，吉姆和爱尔莎迈出了古玩店，在他们的心里，荡漾着人间至纯至美的温情。

心灵感悟

也许你从来没有想到过，一个小小的善举会换来今生的最爱。是的，爱情是所有热情的混合物，当你懂得关爱的时候，爱情也会悄悄降临。

珍惜友谊

友谊是人生的调味品，也是人生的止痛药。

——爱默生

　　第一次遇见莫莉，艾莉莎·巴克斯勒就和她成了很好的朋友。她们嗜好相同，听到同样的笑话就会开怀大笑，连喜欢的花都一样：她们都很喜欢向日葵。

　　她们认识的好像正是时候。之前，她们各自有各自的朋友。可是，和其他朋友相处起来，不是不太融洽，就是觉得不自在。和莫莉认识之后，互相都有种相见恨晚的感觉。

　　她们的友谊进展得很快，两个人的关系变得很密切，连双方家人也成了好朋友。大家都知道：只要你找得到莫莉，你就找得到艾莉莎；找得到艾莉莎，你就找得到莫莉。上五年级的时候，她们并没有在同一个班，但是吃午饭的时候，她们会找两个挨在一起的座位坐下来，一起聊天，一起吃饭。餐厅的女服务生不喜欢她们，一下子坐在走道上，一下子又大声地说话，根本没在吃饭。可是她们还是我行我素，连理都不理她。后来，她们被编到同一个班，连老师们都知道她们是好朋友。因为她们谈话的声音影响到老师上课，"大嘴巴"给她们自己找来了麻烦。

最后她们把老师吵得受不了，老师就警告她们，假如再吵下去，就永远别想在同一个班级上课了。

那年夏天，莫莉和她弟弟常来艾莉莎家。只要她妈妈去工作，艾莉莎妈妈就会帮忙照顾她们。她们一起去游泳，一起在外面玩，一起练习吹笛子，也买了好朋友装，有机会就会穿出去亮相。

夏天很快就结束了，她们也开始上初中。正如老师所说的，她们果然不在同一个班。但是，她们还是常常在电话里聊天，去对方的家玩，一起在合唱团唱歌，一起在乐园里吹笛子。总之，什么都阻挠不了她们的友谊就是了。

初中二年级时，她们还是没办法编在同一个班，也无法一起吃中午饭。她们的友情好像在接受磨炼。她们都交了新朋友，莫莉开始和一群新朋友出去玩，大家都越来越喜欢她。

她们在一起的时间越来越少了，也很少在电话里聊天。在学校时，艾莉莎会去找她说说话，但是她对艾莉莎总是不理不睬。她们刚刚开始聊天，她的朋友就会过来，把她带走，留艾莉莎自己一个人在原地，她真的伤了艾莉莎的心。

艾莉莎真的很迷惑，也相信莫莉绝不知道她有多难过。即使艾莉莎很想和莫莉说话，可是莫莉连听都不想听，那又有何用？艾莉莎开始和自己的新朋友一起玩了，但是艾莉莎觉得自己的感觉和从前完全不同。艾莉莎后来遇见了爱琳，她之前也是莫莉的好朋友，和艾莉莎有同样的遭遇，莫莉对待她和对待艾莉莎的方式如出一辙，都是相当冷淡。她们决定一起找莫莉谈一谈。

要用电话联络她，一点也不容易；要对她说心中的感受，更是难上加难。艾莉莎很怕会伤到她，也很怕让她生气。可是，很有趣的是，艾莉莎和莫莉一拿起电话开始聊天，她们又恢复到从前的好友关系，她又是以前的那个莫莉了。

她们彼此解释了心里的感受之后，艾莉莎才明白她不是唯一受伤的人。艾莉莎不在身边时，莫莉也没人可以聊天。除了交新朋友，她能怎

么办？艾莉莎之前都没想过莫莉也和自己一样，当艾莉莎和自己的新朋友在一起时，莫莉也同样觉得艾莉莎不理她。有时候，艾莉莎甚至没有注意到，自己已经不知不觉忽略了莫莉。她们聊了很久，聊完后，艾莉莎发现自己用了一大堆面纸，上面都是眼泪，可是艾莉莎觉得如释重负。她们都决定继续和自己的新朋友交往下去，但是她们绝不会忘记彼此的友谊，也不会忘记一起相处时的快乐时光。

今天，当艾莉莎回想起这些往事，艾莉莎都会心地一笑。莫莉和艾莉莎总算同班了。你知道吗？她们还是和从前一样，只要聚在一起，两个人就会吵得不得了，给自己制造麻烦。莫莉不再是艾莉莎的好朋友了，她现在比较像艾莉莎的姐妹。她们还是喜欢同样的东西，听到同样的笑话会开怀大笑，喜欢的花一样是向日葵。艾莉莎永远不会忘记她。莫莉教给了艾莉莎一个人生的道理，她让艾莉莎知道人事多变，但是那并不表示你要忘了过去，也不表示你要把它尘封起来。莫莉对艾莉莎说日子要继续过下去，同时要珍惜所有的回忆。

心灵感悟

友谊是培养人的感情的学校。我们之所以需要友谊，并不是想用它打发时间，而是要在朋友的身上，找到自己的价值和人生的意义。真挚的友谊为我们描绘出生命最绚烂的色彩。

她是我的朋友

友谊总需要用忠诚去播种，用热情去灌溉，用原则去培
养，用谅解去护理。

——马克思

这是发生在越南的一个故事。

几发迫击炮弹突然落在一个小村庄的一所由传教士创办的孤儿院
里。传教士和两名儿童当场被炸死，还有几名儿童受伤，其中有一个小
姑娘，大约 8 岁。

村里人立刻向附近的小镇要求紧急医护救援，这个小镇和美军有通
信联系。终于，美国海军的一名医生和护士带着救护用品赶到。经过查
看，这个小姑娘的伤很严重，如果不立刻抢救，她就会因为休克和流血
过多而死去。

输血迫在眉睫，但得有一个与她血型相同的献血者。经过迅速验血表
明，两名美国人都不具有她的血型，但几名未受伤的孤儿却可以给她输血。

医生用掺和着英语的越南语，护士讲着仅相当于高中水平的法语，
加上临时编出来的大量手势，竭力想让他们幼小而惊恐的听众知道，如
果他们不能补足这个小姑娘失去的血，她一定会死去。

他们询问是否有人愿意献血。一阵沉默作了回答。每个人都睁大了眼睛迷惑地望着他们。过了一会儿，一只小手缓慢而颤抖地举了起来，但忽然又放下了，然后又一次举起来。

"噢，谢谢你。"护士用法语说，"你叫什么名字？"

"麦克。"小男孩很快躺在草垫上。他的胳膊被酒精擦拭以后，一根针扎进他的血管。

输血过程中，麦克一动不动，一句话也不说。

过了一会儿，他忽然抽泣了一下，全身颤抖，并迅速用一只手捂住了脸。

"疼吗？麦克？"医生问道。他摇摇头，但一会儿，他又开始呜咽，并再一次试图用手掩盖他的痛苦。医生问他是否针刺痛了他，他又摇了摇头。

医疗队觉得显然有点不对头。就在此刻，一名越南护士赶来援助。

她看见小男孩痛苦的样子，用极快的越语向他询问，听完他的回答，护士用轻柔的声音安慰他。顷刻之后，他停止了哭泣，用疑惑的目光看着那位越南护士。护士向他点点头，一种消除了顾虑与痛苦的释然表情立刻浮现在他的脸上。

越南护士轻声对两位美国人说："他以为自己就要死了，他误会了你们的意思。他以为你们让他把所有的鲜血都给那个小姑娘，以便让她活下来。"

"但是他为什么愿意这样做呢？"海军护士问。

这个越南护士转身问这个小男孩："你为什么愿意这样做呢？"

小男孩只回答："因为她是我的朋友。"

心灵感悟

很多时候给你微笑，说你好话，为你掩护的人并不一定是你的朋友，相反给你提醒，说你不是，推你一把的人，才是你真正的朋友。

心 病

一种美好的心情，比十服良药更能消除生理上的疲惫和痛楚。

——马克思

一天，莱德佛恩觉得自己好像生病了，就去图书馆借了一本医学手册，看该怎样治自己的病。他一口气读了许多内容，还不满足，又继续读了下去。

当他读完介绍霍乱的内容时，方才明白，自己患霍乱已经几个月了。他被吓住了，呆呆地坐了好几分钟。

后来，莱德佛恩很想知道自己还患有什么病，就依次读完了整本医学手册。这下可明白了，除了膝盖积水症外，自己身上什么病都有。

他非常紧张，在屋子里来回踱步。莱德佛恩想："医学院的学生们用不着去医院实习了，我这个人就是一个各种病例都齐备的医院，他们只要对我进行诊断治疗，然后就可以得到毕业证书了。"

莱德佛恩迫不及待地想弄清楚自己到底还能活多久，于是，就搞了一次自我诊断：先动手找脉搏。一开始他怀疑自己连脉搏也没有了。后来才突然发现一分钟跳140次。接着，又去找自己的心脏，但无论如何

也找不到，他感到万分恐惧。

莱德佛恩不知道自己是怎么来到医生家的。一进他家门，他就说："医生，我不给你讲我有哪些病，只说一下没有什么病，我的命不会长了！我只是没有害膝盖积水症。"

医生给他作了诊断，坐在桌边，在纸上写了些什么就递给了他。他顾不上看处方，就塞进口袋，立刻去取药。赶到药店，他匆匆把处方递给药剂师，药剂师看了一眼，就笑着退给他说："这是药店，不是饭店。"

莱德佛恩很惊奇地望了药剂师一眼，拿回处方一看，自己也忍不住笑了，原来上面写的是：煎牛排一份，啤酒一瓶，六小时一次。十英里路程，每天早上一次。

心灵感悟

　　人只有在快乐中，才会有完整的自我、积极的创造，才会有活力和朝气。一个人要想生活得幸福，必须充分认识到快乐的巨大意义和价值，培养强烈的快乐意识，在日常生活中，积极、正确地追求快乐。

最浪漫的礼物

从被触动的那一刻开始，心灵就永不会干涸了。

——路易斯·普尔达罗

与许多人一样，巴巴拉是带着这样的想法长大的：一打红玫瑰和一盒巧克力虽然算不上完美的情人节礼物，可也还说得过去了。

可是巴巴拉错了。

一位共同的朋友介绍巴巴拉认识了阿尔弗雷德，那是在圣诞节前后。从一开始他们就很合得来，不到两个月，他们即将迎来在一起的第一个情人节。如何才能让它成为一个特别的情人节呢？

"你以前曾经为女人做过浪漫的事情吗？"巴巴拉问他。他漫无目的地四处搜寻着巴巴拉的客厅，在沉默中思索着。"没有。不能说我做过。"他拉长了声音说。阿尔弗雷德来自得克萨斯。

如果巴巴拉的问题显得有点唐突的话，那只是因为巴巴拉深爱的阿尔弗雷德是负责餐厅建筑项目的主管，他四十多年的生命大部分都是在建筑行业中度过的。按照常规，他应该痛恨身着正装，一天大多数时候喜欢和一帮小伙子们交流黄色笑话，还会用脚趾开啤酒瓶，因为他的手常常要忙着用来打开卡住的厕所门。

简而言之，男建筑工人通常不会给人一种会对女人表达浪漫的印象，至少不是以上流社会可以接受的方式。

还是那天晚上，阿尔弗雷德告诉巴巴拉，第二天他们将为目前的餐厅工程浇筑人行道。

"你应该把我们的名字缩写一起刻在没干的水泥上。"巴巴拉建议说，一半是当真一半是在开玩笑。

"哦……那样就显得浪漫了，是吗？"

两天后，他邀请巴巴拉到建筑工地去："除了请你跟我一起吃午饭，我还有一样东西要给你看。"

沿着新浇筑的人行道朝饭馆的方向走去，他让巴巴拉看刻着她名字缩写的地面——不止一处，而是在十三个不同的地方！

"这是不是说明我们之间正在发生'实质'（英文：与混凝土同）性的进展呢？"巴巴拉打趣说。不过巴巴拉脸上挥之不去的微笑在告诉他，他的体贴让她感到很开心。

那个星期六晚上，在他们特别的情人节晚餐上，他递给巴巴拉一块松木。巴巴拉知道这听起来很平常，只是他亲手把木头锯好并且打磨成了一颗心的形状。

"你什么时候做的？"巴巴拉问。

"今天下午上班的时候。"

"被其他人看见了吗？难道他们没有嘲笑你做这种东西？"

"嗨，没有啦。事实上，有两个人还想让我帮他们做两个送给心上人呢。"

"那你做了吗？"

"没有，小姐。这是我'专门为你'做的，因为我想说，我爱你。"

这一刻巴巴拉忽然觉得，所有的鲜花、糖果，还有那些只有上帝才知道的普通礼物根本无法和她手上的这件礼物相比，它是为她特别雕刻的心形木雕，还有她的名字缩写已经永久地镌刻在了附近餐厅的水泥地上。

虽然他接下来对一切矢口否认，但这个疯狂的得克萨斯人给了巴巴拉一生中最浪漫的情人节礼物。

对了，巴巴拉刚才提到过她有多喜欢得克萨斯人了吗？

心灵感悟

爱情的力量是伟大的，相信爱情可以改变一个人；最真挚的情感，编织出最浪漫的梦想，带给你最特别的惊喜。

第四篇
交流沟通

君子之争

我们热爱这个世界时，才真正活在这个世界上。

——泰戈尔

1936年的柏林，希特勒对12万观众宣布奥运会开始。他要借世人瞩目的奥运会，证明雅利安人种的优越。

当时田径赛的最佳选手是美国的杰西·欧文斯。但德国有一跳远项目的王牌选手鲁兹·朗，希特勒要他击败杰西·欧文斯——黑种的杰西·欧文斯，以证明他的种族优越论——种族决定优劣。

在纳粹的报纸一致叫嚣把黑人逐出奥运会的声浪下，杰西·欧文斯参加了4个项目的角逐：100米、200米、4×100米接力和跳远。跳远是他的第一项比赛。

希特勒亲临观战。鲁兹·朗顺利进入决赛。轮到杰西·欧文斯上场，他只要跳得不比他最好成绩少过半米就可进入决赛。第一次，他逾越跳板犯规；第二次他为了保险起见从跳板后起跳，结果跳出了从未有过的坏成绩。

他一再试跑，迟疑，不敢开始最后的一跃。希特勒起身离场。

在希特勒退场的同时，一个瘦削、有着湛蓝眼睛的雅利安种德国运动员走近欧文斯，他用生硬的英语介绍自己。其实他不用自我介绍，没

人不认识他——鲁兹·朗。

　　鲁兹·朗结结巴巴的英文和露齿的笑容松弛了杰西·欧文斯全身紧绷的神经。鲁兹·朗告诉杰西·欧文斯，最重要的是取得决赛的资格。他说他去年也曾遭遇同样情形，用了一个小诀窍解决了困难。果然是个小诀窍，他取下杰西·欧文斯的毛巾放在起跳板后数英寸处，从那个地方起跳就不会偏失太多了。杰西·欧文斯照做了，几乎破了奥运纪录。几天后的决赛，鲁兹·朗破了世界纪录，但随后杰西·欧文斯以些微之优势胜了他。

　　贵宾席上的希特勒脸色铁青，看台上情绪昂扬的观众倏忽沉静。场中，鲁兹·朗跑到杰西·欧文斯站的地方，把他拉到聚集了12万德国人的看台前，举起他的手高声喊道："杰西·欧文斯！杰西·欧文斯！杰西·欧文斯！"看台上经过一阵难挨的沉默后，忽然齐声爆发："杰西·欧文斯！杰西·欧文斯！杰西·欧文斯！"杰西·欧文斯举起另一只手来答谢。等观众安静下来后，他举起鲁兹·朗的手朝向天空，声嘶力竭地喊道："鲁兹·朗！鲁兹·朗！鲁兹·朗！"全场观众也同声响应："鲁兹·朗！鲁兹·朗！鲁兹·朗！"

　　没有诡谲的政治，没有人种的优劣，没有金牌的得失，选手和观众都沉浸在君子之争的感动里。

　　杰西·欧文斯创造的8.06米的纪录保持了24年。他在那次奥运会上荣获4枚金牌，被誉为世界上最伟大的运动员之一。

　　多年后杰西·欧文斯回忆说，是鲁兹·朗帮助他摘得4枚金牌，而且使他了解，单纯而充满关怀的人类之爱，是真正永不磨灭的运动员精神，所创的世界纪录终有一天会被继起的新秀突破，而这种运动员精神永不磨灭。

心灵感悟

　　不论是奥运比赛还是凡人的生活，单纯而充满关怀的人类之爱都会令人肃然起敬，激动不已。正因为这种单纯在现代社会日渐稀缺，人们才会更期望看到榜样的树立。

轻信与多疑

二十岁时支配作用的是意志，三十岁时是机智，四十岁时是判断。

——富兰克林

杰克十分轻信他人。

在求职的路上，他被一个骗子用假金像骗走了3000美元。

于是人们提醒他："小心啊，现在大街上到处都是骗子、恶棍、小偷和无赖，千万不能轻信任何人啊！"

轻信的杰克全盘接受了人们的劝告。从此，他变成了一个多疑的人。

杰克虽然身材健美、知识丰富且多才多艺，然而还没有找到理想的工作。他必须每天奔走于大街小巷，为寻找一份自己较满意的工作而忙碌不休。

这天，一位中年女画家看中了他的体形，欲以高薪聘请他做她的业余模特。要知道，这位女画家开出的价钱，足够他十年坐享其成！

"怎么样？20万美元，小伙子，你给我做业余模特。平时你尽可以从事你的正式工作。"

杰克先是惊喜，而后便生疑：

"天下哪有这种凭空掉馅饼的事儿？哼！骗局！骗局！"

多疑的杰克朝女画家冷冷看了一眼，走了。

他失去了一次净赚20万美元的机会。

又过了几天，他到一家德国公司应聘。经过面试，老总看中了他一口流利的德语、一副健美的身材和那种稳重且略显忧郁的气质。

"你被录用了，就做我的助手兼翻译，月薪三万美元。请你今晚就开始工作，因为今晚有一个重要宴会，需要你出面翻译。"老总说。

"那我的家呢？"杰克担心家里无人照看。

"家就不用去管它了，上班吧。"老总说完，忙别的事去了。

多疑的杰克却想：

"不让我回家照看，莫非这是一家骗子公司？企图用谎言留住我，然后派人把我家偷个一干二净？况且，三万美元的月薪，怎么可能这么高？哼！一定是个阴谋，不能相信，不能相信！"

杰克走了，不告而别。走在路上，他还在庆幸："天哪，幸亏我警惕性高，要不然……"

到了家，看到家里一切完好无损，他高兴地笑了。然而，他哪里知道，他损失了更多的东西呢？

心灵感悟

生活中有许多事情都需要人们根据具体情况，用心去判断孰是孰非；世间没有纯粹的概念，只有混沌的色彩；学会选择其中适合自己的部分，才能享受属于自己的那份美好。

父与子

父爱是一缕阳光，让你的心灵即使在寒冷的冬天也能感到温暖如春。

——法郎士

1989年发生在美国洛杉矶一带的大地震，在不到4分钟的时间里，使30万人受到伤害。

在混乱和废墟中，一个年轻的父亲安顿好受伤的妻子，便冲向他7岁的儿子上学的学校。他眼前，那个昔日充满孩子们欢声笑语的三层教学楼，现在已经变成一堆废墟。

他顿时感到眼前一片漆黑，大喊："阿曼达，我的儿子！"跪在地上大哭了一阵后，他猛地想起自己常对儿子说的一句话："不论发生什么，我总会跟你在一起！"他坚定地挺起身，向那片看起来毫无希望的废墟走去。

他每天早上送儿子上学，知道儿子的教室在楼的一层左角处，他疾步走到那里，开始动手。

在他清理挖掘时，不断地有孩子的父母急匆匆地赶来，看到这片废墟，他们痛哭并大喊："我的儿子！""我的女儿！"哭喊过后，他们绝望

地离开了，有些人上来拉住这位父亲：

"太晚了，他们已经死了。"

"这样做无济于事，回家去吧！"

"冷静些，你要面对现实。"

这位父亲双眼直直地看着这些好心人，问道："你是不是来帮助我？"没人给他肯定的回答，他便埋头接着挖。

救火队长挡住他："太危险了，随时可能发生起火爆炸。请你离开。"

这位父亲问："你是不是来帮助我？"

警察走过来："你很难过，难以控制自己，可这样不但不利于你自己，对他人也有危险，马上回家去吧。"

"你是不是来帮助我？"

人们都摇头叹息地走开了，认为他精神失常了。

这位父亲心中只有一个念头："儿子在等着我。"

他挖了8小时、12小时、24小时、36小时，没人再来阻挡他。他满脸灰尘，双眼布满血丝，浑身上下到处是血迹。到第38小时，他突然听见底下传出孩子的声音："爸爸，是你吗？"

是儿子的声音！父亲大喊："阿曼达！我的儿子！"

"爸爸，真的是你吗？"

"是我，是爸爸！我的儿子！"

"我告诉同学们不要害怕，说只要我爸爸活着就一定会来救我们，因为他说过'无论发生什么，你总会和我在一起'！"

"你现在怎么样？有几个孩子活着？"

"我们这里有14个同学，都活着，我们都在教室的墙角。房顶倒塌下来架成了个大三角形，我们没被砸着。我们又饿又渴又害怕，现在好了。"

父亲大声向四周呼喊："这里有14个孩子，都活着！快来人！"过路的几个人赶紧上前来帮忙。

50分钟后，人们开辟出来了一个安全的小出口。父亲声音颤抖地说："出来吧！阿曼达。"

"不！爸爸。先让别的同学出去吧！我知道你会跟我在一起，我不怕。不论发生了什么，我知道你总会跟我在一起。"

这对了不起的父子在经过巨大灾难的磨炼后，无比幸福地紧紧拥抱在一起。

心灵感悟

父爱同母爱一样的无私，一样的不求回报；父爱是一种默默无闻，寓于无形之中的一种感情，只有用心的人才能体会。

购买父亲一小时

当一个人只有很有限的时间供自己支配时，他自然会花在最需要的地方。

——甘地夫人

约翰下班回到家已经很晚了，他的工作压力很大，心里也有点烦，他想休息一下，而这时，他发现自己5岁的儿子靠在门旁等他。

"你有事吗？儿子。"

"爸爸，我可以问你一个问题吗？"

"什么问题？"

"爸爸，你一小时可以赚多少钱？"

"为什么问这个问题？"约翰问道。

"我只是想知道，请告诉我，你一小时能赚多少钱？"儿子哀求。

"我一小时赚20美元，这有什么问题吗？"约翰没好气地说。

"哦，"儿子低下头，接着又说，"爸爸，可以借我10美元吗？"

约翰有些生气了："别想拿钱去买那些毫无意义的玩具，给我回到你的房间并上床。你为什么这么自私呢？我每天都在辛苦地工作，这你根本无法体会，我没有时间和你玩小孩子的游戏。"

儿子安静地回到自己的房间并关上门，约翰生气地坐在客厅里。过了一会儿，他心里平静了下来，觉得刚才对孩子太凶了——或许孩子真的很想买什么东西，再说他平时很少要过钱。

约翰走进儿子的房间，发现儿子正躺在床上，他悄悄地问道："你睡了吗，孩子？"

"爸爸，还没，我还醒着。"儿子回答。

"对不起，我刚才对你太凶了，"父亲边说边把钱递给孩子，"这是你要的10美元。"

"爸爸，谢谢你。"儿子欢叫着从枕头下面拿出一些被弄皱的钞票，慢慢地数着。

"你已经有钱了，为什么还要？"父亲又有些生气，他不知道这个孩子今天是怎么了。

"因为在这之前不够，但我现在够了。"儿子回答，"爸爸，我现在有20美元了，我可以向你买一个小时的时间吗？明天请早一点回家——我想和你一起吃晚餐。这是我盼望已久的事情，可以吗？"

心灵感悟

工作再忙，压力再大，生活再劳累，也不要忽视对孩子的关爱。他们需要的不是你能给予的金钱，而是世上最伟大的亲情。

与丈夫共舞

爱神奏出无声旋律，远比乐器奏出的悦耳动听。

——托·布朗

　　叶卡捷琳娜·戈尔杰耶娃和丈夫的婚姻生活一直如诗一般的浪漫、温馨，但突然有一天悲惨的事情发生了。

　　戈尔杰耶娃知道她要开始新的生活了，初次意识到这一点是在丈夫谢尔盖葬礼的两个星期后，她回到莫斯科。在极度的悲痛之中她迷失了自己，为了重新找到生活的意义，她不停的滑冰，那是她当时唯一能做的事情。戈尔杰耶娃从4岁起便开始练习滑冰，也正是由此而缔结了她与谢尔盖的冰上情缘。而此时万念俱灰的戈尔杰耶娃在冰场上面对那么多刻苦训练的年轻冰舞选手，她仿佛看到了光明的梦想与希望。

　　特别是当4岁的女儿戴丽亚在戈尔杰耶娃身边时，她更加强烈地感受到新生活的召唤。女儿的脸上总是绽放着天真无邪的笑容。与丈夫一样，戴丽亚给戈尔杰耶娃的生活带来了阳光。

　　戈尔杰耶娃还记得自己快11岁那年的春天，教练说由谢尔盖·格林科夫做她的冰舞舞伴。他是一个高大、英俊的大男孩，戈尔杰耶娃已经注意他很长时间了，能做他的舞伴戈尔杰耶娃心中格外高兴。但没想到

131

比自己年长4岁的谢尔盖平时除了训练之外，基本上就不怎么理睬戈尔杰耶娃。

由于刚刚开始接触双人滑，两个人一切都要从头学起，而且比起原来的单人滑困难得多，即使一个简单的交叉动作完成得也十分艰难，他们必须一点点地培养彼此的动作协调性与默契感。

1987年戈尔杰耶娃16岁时，有一天他们一起训练，谢尔盖的冰刀滑到了一个小坑里，将戈尔杰耶娃重重地摔在冰上。因为脑部轻微震荡戈尔杰耶娃在医院里住了六天。

正当戈尔杰耶娃躺在病床上为不能训练而担忧时，谢尔盖满脸歉意地带着一束玫瑰花来看她了。出院前谢尔盖又来看过戈尔杰耶娃好几次。当戈尔杰耶娃再次回到冰场上的时候，注意到谢尔盖不像以前那样了，他会紧紧地搂住她，好像不愿让她从他身边离开似的。虽然戈尔杰耶娃那样专心地滑冰，但是也意识到谢尔盖对她的感情发生了变化。以前他们只是两个单独的冰上舞者，而今他们好似合为了一体。1988年他们赢得了冬奥会的冰上舞蹈金牌，第二年戈尔杰耶娃便与谢尔盖结了婚。婚后他们仍不断地参加滑冰比赛，1992年他们的女儿戴丽亚出生了，1994年的冬奥会上他们再度获得金牌，美国滑冰教练鲍勃·杨提出愿与他们合作，夫妇俩欣然接受他的邀请，从俄罗斯来到美国定居康涅狄格州。

1995年11月25日，他们与舞蹈设计师玛莉娜去排练一组新的动作。一开始谢尔盖在戈尔杰耶娃身边滑着，但他却没有按照预定动作伸出手来将戈尔杰耶娃托起，反而轻轻地弯下了腰，戈尔杰耶娃以为谢尔盖的背部受了伤。谢尔盖努力想要停下来，戈尔杰耶娃却看到他向冰场四周的围板滑去，接着他屈膝倒在冰上，戈尔杰耶娃不停地问他是怎么了，他却一直没有回答。

玛莉娜关掉了音乐，让戈尔杰耶娃去打急救电话，她给谢尔盖做急救护理。戈尔杰耶娃吓得连英语也不会说了，跑到另一块冰场上喊人去打电话。等戈尔杰耶娃再回去时谢尔盖的脸色已经转青了。

他们乘救护车去医院时，通过监护器戈尔杰耶娃看到谢尔盖的心脏仍在跳动，虽然戈尔杰耶娃很担心，却怎样也想不到他会死，这之前他从没表现过有心脏病的迹象。

戈尔杰耶娃与玛莉娜在医院的走廊上来回踱着步，最后一位医生走了出来，说他们给谢尔盖做了电击，并给心脏注射了强心针，却依然没能挽救他的生命。但当戈尔杰耶娃将医生的话在脑子里翻译成俄语时，却无论如何也无法理解医生那番话的意思。

戈尔杰耶娃走进急救室，谢尔盖躺在床上，脚上仍穿着冰鞋，看上去像睡着了一样。他的手冰凉，但肩膀和胸部却仍是温暖的，戈尔杰耶娃脱掉他的冰鞋，他的脚凉极了，戈尔杰耶娃便抱在怀中使劲儿地揉搓着，却怎么也搓不热。

戈尔杰耶娃回到了莫斯科。葬礼过后几个星期里戈尔杰耶娃感到渐渐地迷失了自己，好像生活都失去了意义。

戈尔杰耶娃意识到只有工作可以医治自己心灵的伤痛，她决定重新开始训练。回到冰场上让她感觉好像又与谢尔盖在一起了，他们一起在冰上共舞的情景又出现在了戈尔杰耶娃眼前，是那样令她陶醉。

冰上舞蹈界的同行准备在1996年2月为谢尔盖举行一次纪念演出，他们邀请戈尔杰耶娃也参加表演。

对戈尔杰耶娃来说重新再找一位合作的舞伴是不太可能的，因为谢尔盖是她唯一的舞伴，过去是，将来也不会改变。于是她决定改滑单人舞。

演出那天临上场前，她回想着以前出场前，她总会和谢尔盖互相亲吻一下，而现在戈尔杰耶娃只能独自站在冰场上，不禁感到惧怕。音乐响起，她滑到冰场中央，心里想着最后一次训练时玛莉娜对她说的话："信任谢尔盖吧，他会帮助你的。"

灯光亮了起来，她开始滑动，观众们为她欢呼着。她想停下来感谢人们从世界各地聚到这里来纪念谢尔盖，但她的双腿却在不停地滑动，她知道自己不能停下来，否则她就会失去这种神奇的魔力。于是她任凭自己的双腿自由地滑动着，戈尔杰耶娃接受着谢尔盖给予她的力量，他们仍然像以前那样的默契。此时戈尔杰耶娃的头脑已成一片空白，所有的往事都在她的心中电影般地回放。

冰舞结束，人们都站起身来为戈尔杰耶娃鼓掌。她强忍住眼中的泪水，接过麦克风对观众说："我很高兴这一晚终于来临了，我的悲伤在今晚画上了一个句号。但我想让你们知道，今晚我并不是独自一人表演，还有谢尔盖与我共舞，所以我才会表现得如此出色。"

冥冥之中谢尔盖让她重新获得了生活的勇气。

心灵感悟

世间可以流逝一切，爱却可以永驻，尽管爱的那么忧伤。只有记忆，将会以一种深刻的不可触及的形式，存留在心里。

准时的约会

> 相互的爱，毫无保留而至死方休的爱所能产生的幸福，确是人类所能得到的最大的幸福了。
>
> ——莫洛亚

那是一个忙碌的早晨，大约8点半，医院来了一位老人，看上去80多岁，是来给拇指拆线的。他急切地对蜜莉恩说，9点钟他有一个重要的约会，希望蜜莉恩能照顾一下。

蜜莉恩先请老人坐下，看了看他的病例，心想如果按照病例，老人应去找另外一位大夫拆线，但至少得等一个小时。出于对老人的尊重，正好她当时又有一点空闲时间，她就来为老人拆线。

蜜莉恩拆开纱布，检查了一下老人手的伤势，知道伤基本上已经痊愈，便小心翼翼地为老人拆下缝线，并为他敷上一些防止感染的药。

在治疗过程中，蜜莉恩和老人攀谈了几句。她问他是否已经和该为他拆线的大夫约定了时间，老人说没有，他知道那位大夫9点半以后才上班。她好奇地问："那你还来这么早干什么呢？"老人不好意思地笑道："我要在9点钟到康复室和我的妻子共进早餐。"

这一定是一对恩爱老夫妻，蜜莉恩心里猜想之后，话题便转到老人的妻子的健康上。老人告诉蜜莉恩，妻子已在康复室待了相当长一段时间，她患了老年痴呆症。谈话间，蜜莉恩已经为老人包扎完毕。她问道："如果你去迟了，你妻子是否会生气？"老人解释说："那倒不会，至少在5年前，她就已经不知道我是谁了。"

蜜莉恩感到非常惊讶："5年前就已经不认识你了？你每天早晨还坚持和她一起吃早饭，甚至还不愿意迟到一分钟？"

老人慈善地笑了笑说："是啊，每天早上9点钟与我的妻子共进早餐，是我每天最重要的一次约会，我怎么能失约呢？"

"可是她什么都不知道了啊！"他脱口而出。

老人再次笑了，笑得有点甜蜜，仿佛又回到了几十年前两人恩爱无比的甜蜜日子里，老人一字一句地对她说："她的确已经不知道我是谁了，但是，我却清楚地知道她是谁啊！"

听了老人的话，蜜莉恩突然想掉眼泪，她心中默想：这种爱不正是自己以及很多人一生都在期望的那种爱吗？真正的爱未必浪漫，但　定是真挚的；真正的爱，在自己心间。

心灵感悟

人生至高的幸福，便是感到自己有人爱；有人全身心地爱你，没有理由，更进一步说，有人不管你是什么样都依然是一心爱你。这也是最真、最纯的爱。

同行是冤家

傻瓜说出了许多聪明话，尽管还不及聪明人说的傻话那么多。

——托·富勒

乌尔伦·伯瑞是一位图书推销商，常常挨家挨户地推销他的图书。日积月累的经验教会他怎样把书卖给那些并不打算买的人。他有一副好嗓子，音色浑厚，而且他说话也很讨人喜欢，常常逗得人们哈哈大笑。他衣着干净整洁，穿着讲究，属于那种人们一见到他就会立刻喜欢上他的人。这一点他心里是十分清楚的。简而言之，他是一个成功的推销员。

今天，他来到一户人家推销。他左手拿着一大套书，右手推开大门，满脸堆笑地穿过花园小径，来到主人的房前。他摁了一下门铃，过了好一会儿，一位小姐开了门，满脸惊奇地看着他。让他感到遗憾的是，这是一位未婚女子，因为她手上没戴戒指，但她也许有位弟弟或者表兄什么的喜欢读这类比较严肃的书籍。

"早上好，小姐，"他说，"我想你也许有兴趣买一套《世界历史》。这套书一共有12本，我拿出其中的一本让你瞧瞧，里面的插图漂亮极了……"

"实在对不起，"她打断道，"我正在做饭，没闲工夫来谈论历史。我得马上回厨房看看。"不等他回答，她就把门重重地关上了。

这次谈话如此快就中断了，这着实让伯瑞大吃一惊。他不愿意这么早就被赶走。他绕着房子走了一圈，然后敲响了后门。开门的仍然是那位年轻的小姐。

"又是你！"她尖叫道。

"哦，"他说，"你刚才告诉我你在厨房忙得不可开交，所以我只好不嫌麻烦绕到后边来。也许你会让我坐在厨房里，然后你一边做饭一边听我讲这套优秀历史书的一些内容。这套书很重要，也很有用。如果你不买的话，会后悔的。"他咧开嘴一笑露出雪白的牙齿来。

她"呀"了一声，然后说："如果你愿意的话，可以进来坐在那边。"她指着那把椅子，又补充道："但是，你会白费时间的。我对历史毫无兴趣，再说我也没钱买书。"

伯瑞坐下来，把手中笨重的书小心翼翼地放在饭桌上。当然了，多售出一套书，就意味着他的利润也将增加一些。他有信心劝这位小姐买一本。当她在做饭时，他就用他那迷人的声音向她讲述着拥有这套书的所有好处，更没有忘记提醒她，这书很便宜。

"等一等！"她突然打断他，随后离开了厨房。他听见她在屋里的什么地方开抽屉。不一会儿，她回到了厨房，手里拿着笔记本和铅笔。她放下手中的活，与他一块儿坐到了桌子边。

"请继续讲。"她说。

他又开始讲起来，她一边听，一边认真地记着笔记，中途还不时叫他把刚讲的重复一下。见她如此有兴趣，伯瑞简直有点大喜过望。他又暗暗地思忖起来，其实劝人们买他们不想买的东西是多么容易啊！

最后，他结束了自己的谈话，合上书，问道："你觉得怎么样？你难道不认为买一套是明智之举？"

"哦，不！"她吃惊地说，"开始我就告诉过你，我对历史不感兴

趣，当然不打算在一套历史书上花一些钞票。"随后，她打开后门，并做出一个"请"的姿势。

"但你为什么要做笔记呢？"伯瑞问道。

"哦，"她回答道，"我弟弟与你是同行，他也是挨家挨户去推销他的书，但一点也不成功。所以我记下了你说的有些话。你太聪明了，我将把这些笔记拿给他看。他就明白了下一次去推销的时候该说些什么了。这样他也许会赚更多的钱。实在太感谢你了。我真高兴你今天能来。"

伯瑞站在那儿，呆若木鸡。

心灵感悟

不要自作聪明地以为在自己一番费力的劝说下，对方一定会接受你的意见；随时做好被拒绝的准备，因为谁也不能向你保证，对方不会临时改变主意。

那是你自己的事

世界上那些最容易的事情中，拖延时间最不费力。

——巴兹尔

那年她刚从大学毕业，分配在一个离家较远的公司上班。每天清晨7时，公司的专车会准时等候在一个地方接送她和她的同事们。

一个骤然寒冷的清晨，她关闭了闹钟尖锐的铃声后，又稍微赖了一会儿暖被窝。像在学校的时候一样，她尽可能最大限度地拖延一些时光，用来怀念以往不必为生活奔波的寒假日子。那一个清晨，她比平时迟了五分钟起床。可是就是这区区五分钟却让她付出了代价。

那天当她匆忙中奔到专车等候的地点时，到达时间已是7点05分。班车开走了。站在空荡荡的马路边，她茫然若失。一种无助和受挫的感觉第一次向她袭来。

就在她懊悔沮丧的时候，突然看到了公司的那辆蓝色轿车停在不远处的一幢大楼前。她想起了曾有同事指给她看过那是上司的车，她想真是天无绝人之路。她向那车走去，在稍稍一犹豫后打开车门悄悄地坐了进去，并为自己的聪明而得意。

为上司开车的是一位慈祥温和的老司机。他从反光镜里已看她多时

了。这时，他转过头来对她说："你不应该坐这车。"

"可是我的运气真好。"她如释重负地说。

这时，她的上司拿着公文包飞快地走来。待他在前面习惯的位置上坐定后，她才告诉他的上司说班车开走了，想搭他的车子。她以为这一切合情合理，因此说话的语气充满了轻松随意。

上司愣了一下。但很快明白了一切后，他坚决地说："不行，你没有资格坐这车。"然后用无可辩驳的语气命令道："请你下去！"

她一下子愣住了——这不仅是因为从小到大还没有谁对她这样严厉过，还因为在这之前她没有想过坐这车是需要一种身份的。当时就凭这两条，以她过去的个性是定会重重地关上车门以显示她对小车的不屑一顾尔后拂袖而去的。可是那一刻，她想起了迟到在公司的制度里将对她意味着什么，而且她那时非常看中这份工作。于是，一向聪明伶俐但缺乏生活经验的她变得从来没有过的软弱。她近乎用乞求的语气对上司说："我会迟到的。"

"迟到是你自己的事。"上司冷淡的语气没有一丝一毫的回旋余地。

她把求助的目光投向司机。可是老司机看着前方一言不发。委屈的泪水终于在她的眼眶里打转。然后，她在绝望之余为他们的不近人情而固执地陷入了沉默的对抗。

他们在车上僵持了一会儿。最后，让她没有想到的是，他的上司打开车门走了出去。

坐在车后座的她，目瞪口呆地看着有些年迈的上司拿着公文包向前走去。他在凛冽的寒风中拦下了一辆出租车，飞驰而去。泪水终于顺着她的脸庞流淌下来。

老司机轻轻地叹了一口气："他就是这样一个严格的人。时间长了，你就会了解他了。他其实也是为你好。"

老司机给她说了自己的故事。他说他也迟到过，那还是在公司创业阶段。"那天他一分钟也没有等我也不要听我的解释。从那以后，我再也没有迟到过。"他说。

她默默地记下了老司机的话，悄悄地拭去泪水，下了车。那天她走出出租车踏进公司大门的时候，上班的钟点正好敲响。她悄悄而有力地将自己的双手紧握在一起，心里第一次为自己充满了无法言语的感动，还有骄傲。

从这一天开始，她长大了许多。

心灵感悟

我们总是在一次次失败和教训中学会长大；生活告诉我们，凡事都有它特定的规律和规则，只有遵循这些，才能够在生活的磨砺中立于不败之地。

儿子，我也爱你

爱的表现是无保留地奉献，而其本质却是无偿地索取。

——列夫·托尔斯泰

下班后，沃特回家走进客厅，12岁的儿子抬头看着他说："爸爸，我爱你。"他一时竟无言以对。几分钟里，他站在那儿，打量着儿子，等着他说下去，他首先想到的是，他肯定想要自己帮他做作业了，再就是求他给点零花钱，再不然，就是他做了什么坏事，故意装出善良的样子来告诉他。

终于，沃特问："你想干什么？"

"没什么，"儿子笑着说，"我们生理老师让我们对父母说'我爱你们'，看父母怎样回答我们。做个实验。"

第二天，沃特跟儿子的老师通了电话，想知道这"实验"到底是怎么回事。其实，他更想知道其他孩子的家长是什么反应。

"大多数父亲都跟你的反应一样，"老师说，"当我第一次提出这个建议的时候，我问孩子们，父母会怎样回答呢？他们都笑了起来。有两个学生说，他们肯定会吓出心脏病。"

沃特猜想，有些家长会反对老师这种做法的。一个初中的生理教师最

143

好还是告诉孩子们注意饮食的平衡，以及正确使用牙刷等，"我爱你"跟生理老师有什么关系？这是父母和孩子之间的私事，别人不该管。

老师解释说："感觉到被爱是身体健康的一个重要方面，这是人类的需要，我一直在告诉孩子们，不把这种感情表达出来是不好的，不仅是大人对孩子，男孩对女孩，一个男孩子也应该对他父亲说句'我爱你'。"

这位中年男教师能够理解他们这类人，有些话明知道有好处，但又很难说出来。他承认，他的父亲从没说过这样的话，而他自己也没对父亲说过，就连父亲去世前也是这样。

他们中有许多人都是这样，父亲把他抚养成人时，从没有说个"爱"字，而他正是按照父亲的样子来对待孩子。

但是，那种单一靠行动来表达爱的现象开始逐渐消失了。他们这一代人很重感情，也很善于表达。他们明白，儿女们需要他们给予的，远不只是桌上可口的饭菜，衣柜里的衣服。

如果他们适应了这些变化，就一定会知道怎么回答12岁的儿子说的"我爱你"。沃特开始的时候是束手无策的。看来，由刚毅冷峻的父亲形象，转变成和蔼可亲的形象的确不简单。

又一天晚上，当儿子用那种一天比一天敷衍的口吻向沃特道晚安时，他抓住了儿子，回了他两个吻，没等他逃掉，他用男子汉低沉的口气对他说："喂，我也爱你。"

沃特不知道这么说了以后，是否能使儿子更健康一些，但是，他确实感到心里很舒服。但愿下次儿子跑来说"我爱你"的时候，他不至于尴尬地用一整天的时间，才想出一个正确的回答来。

心灵感悟

爱是一缕阳光，让你的心灵即使在寒冷的冬天也能感到温暖如春；爱是一泓清泉，让你的情感即使蒙上岁月的风尘依然纯洁明净。

亲情的纽带

　　一对彼此相配的夫妇是经得起一切可能发生的灾难的袭击的。

——卢梭

　　大一住校时，就寝前二三十分钟是宿舍的"社会论坛"。

　　一天晚上讨论的主题是：什么是维系婚姻的纽带？有说金钱，有说爱情，大家七嘴八舌，引经据典，"躺着"说话不腰疼。费尔德清清喉咙，大家知道这来自南方阿拉巴马州乡下的小伙子不善言辞，都半带同情半带礼貌地闭上了嘴。

　　"小时候，我觉得爸妈跟别人家的父母都很不一样，相互没有什么亲昵的话语，我也未曾见过他们接吻，这让我感到又害臊又担忧。万一某一天他俩离婚了，我可咋办？十岁那年夏天，雨水特别多。一天，大雨滂沱，电闪雷鸣。河坝坍塌了，小村庄立即变成水乡泽国。我被抱到阁楼上，四周黑咕隆咚，我又冷又怕，鼓起勇气往窗外望，闪电劈开黑幕，爹和妈正趟水挣扎进院子，浑浊的洪水打着旋涡，直到膝盖处，他俩肩并肩，低着头，顶着风雨，看不见脸庞。妈妈一手揪住爹的衣服，一手抱着从倒塌的鸡棚里救出来的一窝鸡雏；爹一手搂着妈的肩，一手

145

美德书

抱着一只刚生下的羊羔。雪白雪白的闪电亮了不到一秒钟，但这幅天地之间只剩两个人的图画已定格在我一生的记忆中。

从此我不再为他们没有电影上那些夫妻间的亲密举止而忐忑不安了。我理解，他们拥有一条世上最牢固的纽带：风雨同路的生活。"

没人作声，似乎都为费尔德居然舌头不打结讲完这么多话而惊讶。

良久，罗伯特低声说："熄灯吧。"

心灵感悟

爱不是一种姿态，而是一种默契。能够"执子之手，与子偕老"的人，并不能用眼力来判断，这需要用心感知的力量。两人的精彩与浪漫如鱼饮水，冷暖自知。

伸手攫住机会

对勇气的最大考验，就是看一个人能否做到败而不馁。

——英格索尔

莱斯·布朗因先天性机能亢进，说话不清，他就读于一所残疾人学校，毕业后成了一名环卫工人，可他一直就有一个梦想：成为一名电台音乐节目主持人！

为了实现自己的梦想，他每天晚上都通过半导体收音机收听当地的摇滚乐节目。在自己的小房间里，他虚拟了一个电台：他将一把旧发刷当作麦克风，然后喋喋不休地开始他饶舌的表演，为他假想中的观众介绍各种各样的唱片。

一天，他鼓起勇气，找当地电台台长毛遂自荐，被拒绝后他并没有放弃。接下来的一星期，他每天都去电台，问是否能给他提供一份工作。最终台长让莱斯当了一个跑腿的伙计。

他暗暗留心主持人是如何在控制面板上操作的，就像一块海绵一样，贪婪地吸收着所学的一切知识。每天在别人的再三催促下才离开工作室。晚上回去后，他又再三练习。他在等待机会的到来。

一个星期六的下午，一个名叫洛克的主持人喝得酩酊大醉，可就要到他广播的时间了。电台里只有他和莱斯。说话已经语无伦次的洛克无疑不能主持长达四个小时的综艺广告节目。

台长打来电话，在不能找到其他主持人的情况下，他给了莱斯机会。

放下电话后，莱斯箭一样冲进直播室，轻轻把洛克移到一边，坐在了他期盼已久的旋转工作台边，激动而自信地说：各位听众，大家好！我是莱斯，您忠实的音乐使者，我年轻而富有朝气，喜欢和大家一起倾听音乐，品味生活，我保证带给你们一档丰富多彩的节目，让你们开心、满意。听着宝贝，我就是你们最喜爱的人！然后，他开始给听众介绍各种唱片。

这次节目大获成功。莱斯赢得了听众们的赞扬，当然也包括台长。

在自己苦苦等待的机遇女神出现时，莱斯紧紧地抓住了她的长发，得到了自己梦寐以求的工作。

心灵感悟

机遇是成功的前提，没有机遇就没有参与的可能，愚者错失机遇，智者善抓机遇，成功者创造机遇，机遇只给准备好的人。

合作生财

我不应把我的作品全归功于自己的智慧，还应归功于我以外、向我提供素材的成千成万的事情和人物。

——歌德

美国著名的百货公司萨耶·卢贝克公司的创始人之一——理查德·萨耶是靠做小生意起家的。他一生最大的长处——也是他成功的最主要因素，就是他善于寻找和利用朋友。

萨耶刚开始创业的时候，在明尼苏达州一条铁路上当运送货物的代理商。做这种代理商有个共同的烦恼：有时收货人嫌货不好，拒收送到的货物；若再将货物带回，就会倒赔一笔运费。萨耶为了避免这种情况，想出了一个新招——邮寄。这样不仅退货率大为降低，也为买主增加了便利。这种函购、邮寄的方式，获得了意外的成功。

萨耶知道自己的生意必须扩大规模，否则，别人利用他创造的这种经营方法，很可能赶到他前面去。

他饱尝了"伙伴难找"的滋味。他挑选了将近五年，直到有一天晚上，这个注定要在萨耶的事业中起关键作用的人，自己骑着马来了。

他叫卢贝克，到圣保罗去买东西，不料中途迷了路，已经饥肠辘辘，人困马乏。在皎洁的月光下，正在徘徊散步的萨耶看见了卢贝克，他邀请卢贝克到他的小店中休息，两人一见如故，然后隔着桌子热烈地拥抱在一起。以两人姓氏为名的世界性的大企业"萨耶·卢贝克公司"在拥抱中诞生了。

合作带来了新的财力和机遇，萨耶如虎添翼，公司第一年的营业额就比萨耶单干时增加了将近十倍，高达40万美元。第二年的发展更快，这种发展速度不仅是二人始料不及的，而且使他俩明显地感到力不从心。

卢贝克说："我们何不请一个有才能的人参加我们的生意？"萨耶一直把当年发现卢贝克视为一大幸事，对他的这个建议由衷地赞许道："好吧，我们为我们的生意找个老板。"

为上百万元的生意找个经营人，实在比找伙伴困难多了，他们不久就灰了心。这种大将之才实在是人杰鬼雄，本来就是很稀少的；即使真有这种人才，恐怕也早被别人拉走了。

萨耶和卢贝克经过几番谋划，决定开阔视野，到一般的小商人中去寻找。因为大公司的经理一般不屑于经营他们的"杂货铺"，而在平凡的人物中选拔适当人才委以重任，他们一定会尽全力工作，不会像重金礼聘的知名人物，即使请来了，也只是抱着"帮帮忙"的心理。

终于有一天，一个布店老板进入了他们的视线。

那天，萨耶与卢贝克正好路过一家布店，只见人群拥挤，争先恐后地在抢购。等他们走近一看，才知道这家布店想出来的主意比任何人想象中的都绝。店门前贴着的大纸上写道：衣料已售完，明日有新货进来。那些抢购的女人，唯恐明天买不到，在预先交钱。伙计解释说，这种法国衣料原料不多，难以大量供应。萨耶知道这种布料进的不多，但并非因为缺少原料，而是因为销路不好，没法再继续进口。看到布店老板对女人心理如此巧妙地运用，以缺货来吊起时髦女性的胃口，他实在觉得这个老板手法高人一筹，令人折服。

"虽然不知他长得什么样，也不知他是老是少，但我几乎可以肯

定，这个人就是我们要找的人！"萨耶和卢贝克都这样认为。然而，当他俩与店主见面时却大出意外，不禁面面相觑。原来他就是经常到他们店里贩布的路华德。他们彼此已认识好几年，从没有深谈过，并且路华德也从未有过什么特别的举动，因此萨耶和卢贝克对他也就没有什么特殊的印象，直到这次，他们把对方细细打量一番，才发现他的目光中有一种说不出的飞扬神采，给人以精明能干的感觉。

寒暄之后，萨耶开门见山地对路华德说："我们想请你参加我们的生意，坦白地说，想请你去当总经理。"当上总经理的路华德为报知遇之恩，工作非常投入，取得了惊人的成就。萨耶·卢贝克公司声誉日隆，十年之中，营业额竟增加了六百多倍。一时间，该公司已拥有30万员工，每年的销售额将近70亿美元。对于零售行业，这简直是个不可思议的天文数字。

心灵感悟

要创建自己的一番事业，光凭自己的力量是很难有所发展的。或许想与你合作的人很多，但真正能成为伙伴的人却很少。寻找伙伴最为关键的因素就是"知人善用"。

莫忘致谢

戒指和宝石不是礼物，而是礼物的代用品。真正的礼物是你自己的一部分。

——爱默生

依琳娜、莎拉和德鲁还小的时候，每当他们要向人家致谢，就口述感谢词句，由母亲费思持笔记录。但是到他们长大一些的时候，已经可以自己写谢柬了，可他们却必须要在费思三催四请之后才肯动笔。

费思会问："你写了信给爸爸，谢谢他送你那本书没有？"或者问："陶乐思阿姨送了你那件毛线衫，你可向她道谢啦？"他们的回应总是含糊其辞，或者就是耸耸肩膀。

有一年，费思在圣诞节过后就让儿女们写谢柬，但催促了几天，儿女竟一直毫无反应，费思大为气恼，便宣布说："在谢柬写好并投邮之前，谁也不准玩新玩具或穿新衣服。"可他们依旧拖延，还出言抱怨。

费思忽然灵机一动，就说："大家上车。"

"要去哪里？"莎拉觉得好奇。

"去买圣诞礼物。"

"圣诞节已经过去了。"她反驳。

"不要啰唆！"费思斩钉截铁地说。

待孩子们都上了车之后，费思说："我要让你们知道，人家为了送你们礼物，要花多少时间。"

费思对德鲁说："麻烦你记下我们离开家的时间。"

来到镇上，德鲁记下了抵达的时间。3个孩子跟随费思走进了一家商店，并帮费思选购送给她的姊妹礼物。然后大家回家了。

3个孩子一下车便向雪橇走过去。费思说："不许玩，还要包礼物。"孩子们垂头丧气地回到屋里。

"德鲁，记下到家的时间没有？"费思问。

德鲁点点头。费思接着说："好，请你记录包礼物的时间。"

当孩子们包礼物的时候，费思替他们冲泡可可，终于最后一个蝶形结也系好了。"一共花了多少时间？"费思问德鲁。

他说："到镇上去，用了28分钟，买礼物花了15分钟，回家用了38分钟。"

"包这几个盒子用了我多少时间？"依琳娜问。

"你们俩都是两分钟包一个。"德鲁说。

"把礼物拿去邮寄，要花多少时间？"费思问。

德鲁计算了一下，答道："一来一去56分钟，加上在邮局排队的时间，要71分钟。"

"那么，送别人一件礼物总共花多少时间？"

德鲁又计算了一阵，"2小时34分钟。"

费思在每个孩子的可可杯旁放一页信纸、一个信封和一支笔。"现在请写谢柬。写明礼物是什么，说已经拿来用了，用得很开心。"

他们沉默构思，接着响起了笔尖在纸面上的声音。

"花了我们3分钟。"德鲁一面说一面把信封封好。

"人家选购一件情意浓厚的礼物，然后邮寄给你，所花的时间也许超过两个半小时，我要你们花3分钟时间道谢，这难道是过分要求吗？"费思问。3个孩子低下头望着桌面，摇了摇头。

"你们最好现在就养成这种习惯。早晚你们要为很多事情写谢柬的。"

德鲁叹了口气，"例如哪些事情呢？"

"例如别人请你吃晚饭或者午餐，或者邀请你去他家度周末。又或者你申请大学入学，或求职，别人花时间向你提供宝贵意见。"

"你小时候也写这种东西吗？"德鲁问。

"当然。"

费思想起了亚瑟老爷爷。他是费思曾祖父最小的弟弟，家住马萨诸塞州，费思从没见过他，可是每年圣诞节他都会送费思一份礼物。他双目失明，由住在隔壁的侄女贝嘉过来帮他开出一批5美元的支票，分别寄给每一个曾侄孙和玄侄孙。费思每次都回信致谢，并且告诉他这5美元是怎么用的。

后来费思去马萨诸塞州就学，这才有机会探望亚瑟老爷爷。闲谈间，他说很欣赏费思写的谢柬。

"那时你漂亮不漂亮？"莎拉问。

"我的男朋友说我漂亮。"费思说着就走到书架前，取下一本照片簿翻开。在照片中，费思站在自己家里的壁炉前面，身穿黑丝绒晚礼服，头发绾成精致的法国贵妇髻，旁边还有一位英俊青年。

"原来是爸爸！"依琳娜有点惊讶。

费思微笑点头。3个孩子坐下来继续写谢柬。

今年圣诞节，费思的丈夫和她庆祝了结婚36周年的纪念日。谢谢你，亚瑟老爷爷。

心灵感悟

对所有人以诚相待，同多数人和睦相处，懂得付出与收获的等价关系，这样的生活才是快乐的。

互换角色

> 一个美满的家庭，有如沙漠中的甘泉，涌出宁谧和安慰，使人洗心涤虑，怡情悦性。
>
> ——兰尼

德里克站在卫生间门口，望着妻子菲尔娜迅速而又整齐地收拣着行装。想到她要出差，德里克感到挺有意思。妻子踮着脚吻了吻他的脸颊。看到她脸上淡淡的红晕，他知道妻子很兴奋。她要开始新的工作，这是她第一次离开家。德里克感到很紧张、很陌生，甚至感到像是被她遗忘了似的。"高兴点，"妻子对他说，"只有两个星期，我就回来了。"可他觉得将要面临的这两个星期，像一辈子那么漫长。

"牙刷带了吗？"他问妻子，口气中尽量揉进一丝轻松。

"带了，亲爱的。"

"你看上去真漂亮。"他对妻子说。现在的菲尔娜确实很漂亮，灰色套装，灰色皮鞋，头发盘起梳成一个光滑的发髻，显得很端庄。德里克感到妻子像个陌生人。一向是妻子守在家里，为自己整理行装，对诸如住旅馆、买车票等事唠叨个没完。自己出差时，心里总是踏实的：因为有妻子在家里，等着他回来。

德里克了解自己的妻子——她毫不费劲就能把家收拾得整齐、舒适。回到家总有可口的饭菜等着。可眼前这个菲尔娜，太陌生了。妻子开了门，探出头去，不耐烦地张望，等着出租车。车来了，妻子向他挥手道别。尽管德里克还在作最后交代，什么找旅馆、订房间啦、有空要打电话回来啦等等，妻子却并不在意。对此，德里克几乎有些吃惊。

"真有意思，我从来没想过我不在家她是什么心情。"德里克自言自语着。他想到的只是自己要去哪儿，要办什么事儿，有时他也渴望待在家里，可他总能调节自己的心情。那来来去去的差使，对他来说，完全是日常惯例，是工作的一部分，也是他生活的一部分。

屋子显得空荡荡的。德里克打开电视机，正在上演高尔夫球赛。德里克随即又把电视关了。走进厨房——妻子不在那儿，这对他几乎是个打击。楼上还可闻到菲尔娜的香水味，好像她还在家里。"见鬼！我两周的假期刚开始，她就出差去了。"该怎么办呢？这一天刚到傍晚，德里克就开始想她了。他坐在椅子上打瞌睡，他多希望妻子能待在家里啊。

第二天过得真慢。大半的时间，德里克在房间里到处晃悠。

"妻子整天在家里，都有些什么事可干呢？"他觉得孤孤单单的。到傍晚还未接到妻子的电话，他有些伤心了。他猜着：也许妻子正和别人谈话，也许已谈妥了生意，正喝上一两杯呢。"要有两个人在一起，就好多了。"德里克带上家里的那只猫，来到附近的酒吧。

一到那儿，他就明显地感到大家都在盯着他。他觉得自己身上好像少了一部分，好像自己忘了穿裤子似的令人难堪。"菲尔娜呢？"人们不停地询问。

这使德里克很恼火。他没好气地说："我的天，她又不黏在我身上，她有她自己的生活。"回到家中，他吃了个三明治，就闷头睡了。他两次转身想和妻子讲话，可她不在身边。德里克几乎要疯了。最后，他好不容易才睡着。过了半周，他惊奇地发现了独处的妙处。妻子打电话回来，交代他干这干那，一长串的话。如果不去理会那些话呢？自由

自在，想干什么就干什么！德里克开始吹起口哨，可以随心所欲了，不用管那些日常惯例，不用准时吃饭，不必每日8点55分赶去上班了！

光洁的餐桌面已经蒙上了薄薄的一层灰。随它去吧，看它会变多厚，这多有趣。平日里，家里总是窗明几净，还真没见过哪里有灰尘，这些当然是妻子的功劳。德里克停住了口哨：也许我不在家，妻子也不常擦桌子。也许她还喜欢我不在家，说不定她根本就不想我。于是，他搁下了对妻子的思念。接下去的整整一周里，德里克可是自由自在，不受人管了！

他在花园里浇了水，把屋旁裂了的排水管修好了。这些事他早就打算做了，可就是没有精力去干。

日子一天天过得很快。星期天菲尔娜又打电话回来。她显得很疲惫，说她总算马上就能回家了。

一想到妻子即将回来，德里克全身涌起一股热流。他刷了卫生间，又清理了厨房地板。他不时地想象着妻子回到这熟悉的环境，看到这一切都光彩照人地欢迎她归来，脸上该出现多少愉快、欣慰的表情。

星期天，他整个人都处在焦虑的骚动中。房间整洁、漂亮、温暖。桌子都摆好了，可菲尔娜还没回来。德里克一遍一遍不停地看时钟，她会在哪儿呢？是不是该给旅馆或车站打个电话问问。也许她误火车了？不会吧，如果真误了车，她肯定会来电话的。

那她会在哪儿呢？德里克急躁起来，不时地冲到窗口，撩起窗帘，注意窗外的动静。如果她不准时回来，这饭菜就算白做了。德里克又走进厨房，检查了一遍："真该去车站接她的，可菲尔娜坚持不必如此麻烦。"德里克沮丧极了。他一屁股坐到椅子上，克制着自己的情绪。这个世界上，除了妻子，谁都不想看。"情人眼里出西施"，真对极了。他认真地对猫儿说："我最渴望见的是我的妻子，而不是什么漂亮明星，也不是什么世界名胜。"可那猫只是伸了伸懒腰，朝门口看去——门口传来一个熟悉的女人的声音。

德里克猛地跳了起来。他抑制着激动的心情，却没有冲过去开门。

走廊响起了菲尔娜的脚步声。当门锁响起一阵钥匙转动的嗒啦声时，德里克急不可耐地冲向门去。

"你好！"妻子欢欣地笑着。

"你好！旅途顺利吗？"

"挺好，你在家好吗？"妻子环顾四周，一切如旧，很是满意。

"真的，"德里克尽量显得轻松随便地说，"我感到很孤独。"妻子静静地等着他往卜说。突然，德里克笑了。"过米！"他命令着，并把妻子抱进怀里。"噢，你回来了，我多高兴！"他紧贴着妻子的脖子喃喃道："我真想你！"

此刻，德里克理解了，自己每次出差妻子是怎么耐心地等待着他的回归，因为他感受到妻子回家时他内心的激动和欣喜。这样说来，短暂的离别几乎是值得的了。看着妻子满意地环顾他们整洁、舒适的家，他高兴极了。一切都那么熟悉、可爱。菲尔娜闻着饭菜诱人的香味。

"瞧！"当他们重逢的激动平息下来，德里克说，"我现在知道我不在家里，你心里是什么滋味了。"菲尔娜抬起头，笑着说："我也感受到你离家在外的心情了。"

心灵感悟

有了爱就有了一切。双方都无须解释。为了回到对方身边的那种欣喜，所有短暂的分别都是值得的。请相信相爱的人之间心有灵犀的瞬间是最美的。

第五篇

刚毅果敢

让自己坚强起来

强者容易坚强，正如弱者容易软弱。

——爱默生

莱德认为自己的妈妈真是个了不起的女人。他爸爸因心脏病去世时，他才21个月大，哥哥5岁。她虽无一技之长，又没有受过教育，却毅然负起抚育莱德和他哥哥的责任。

莱德9岁时找到了一份在街上卖《杰克逊—维尔日报》的工作。他需要那份工作是因为他们需要钱——虽然是那么一点点钱——但是莱德害怕，因为他要到闹市区去取报卖报，然后在天黑时坐公共汽车回家。他在第一天下午卖完报后回家时，便对妈妈说自己决不再去卖了。

"为什么？"她问道。

"你不会要我去的，妈。那儿的粗手粗口非常不好。你不会要我在那种鬼地方卖报的。"

"我不要你粗手粗口。"她说道，"人家粗手粗口，是人家的事。你卖报，可以不必跟他们学。"

她并没吩咐莱德该回去卖报，可是第二天下午，他照样去了，因为她自己就会这样做。那年稍晚时候，莱德在圣约翰河上吹来的寒风中冻

得要死，一位衣着考究的女士递给他一张5美元的钞票，说道："这足够付你剩下的那些报纸钱了；回家吧，你在这外面会冻死的。"结果，莱德做了他知道妈妈也会做的事——谢谢她的好心，然后继续待下去，把报纸全卖掉后才回家。冬天挨冻是意料中的事，不是罢手的理由。

等到莱德长大了以后，每次要出门时，妈妈都会告诫他："要学好，要做得对。"人生可能遇到的事，几乎全用得上这句话。

最重要的是，她教了莱德一定要苦干。她会说："要是牛陷在沟里，你非得拉它出来不可。"哪怕是天冻得连眼珠都会裂开，或者下雨，再或不论你喜不喜欢，甚至你不舒服，总是要把牛拉上来。

心灵感悟

在艰难困苦的岁月里，一个性格坚强的人，会为他和他的家庭带来幸福。坚强的意志，不管环境变换到何种地步，他的初衷与希望仍不会有丝毫的改变，并能最终克服障碍，达到期望的目的。

不认输就不会输

希望是厄运的忠实的姐妹。

——普希金

保罗从祖父手中继承了一片森林庄园，可是，没过多久，一场雷电引发的山火就将其化为灰烬。面对焦黑的树桩，保罗感受到了从未有过的绝望。但是年轻的他不甘心百年基业毁于一旦，决心倾其所有也要修复庄园，于是他向银行提交了贷款申请，但银行却无情地拒绝了他。接下来，他四处求亲告友，依然是一无所获。

所有可能的办法全都试过了，保罗始终找不到一条出路，他的心在无尽的黑暗中挣扎。他知道，自己以后再也看不到那郁郁葱葱的树林了。为此，他闭门不出，茶饭不思，日渐消沉，他甚至后悔当初不该从爷爷手中继承这份遗产。

一个多月过去了，他的外祖母获悉此事，意味深长地对保罗说："小伙子，庄园成了废墟并不可怕，可怕的是你的眼睛失去了光泽，一天天地老去。一双老去的眼睛，怎么可能看得见希望呢？"

保罗在外祖母的劝说下，一个人走出庄园，走上了深秋的街道。他漫无目的地闲逛着，在一条街道的拐角处，他看见一家店铺的门前人

头攒动，他下意识地走了过去。原来，是一些家庭妇女正在排队购买木炭。那一块块躺在纸箱里的木炭忽然让保罗眼睛一亮，他看到了一线希望。

在接下来的两个多星期里，保罗雇用了几名烧炭工，将庄园里烧焦的树加工成优质的木炭，分装成箱，送到集市上的木炭经销店，结果，木炭被一抢而空，他因此得到了一笔不菲的收入。

不久，他用这笔收入购买了一批新树苗，一个新的庄园出现了。几年以后，森林庄园又渐渐恢复了它原有的生气。

心灵感悟

任何事物都具有两面性，所以福与祸并没有绝对的概念，全凭人自己看待事情的角度与判断。世上没有一辈子绝对顺心的人，只有不肯快乐的心。

人
定
胜
天

只要持续地努力，不懈地奋斗，就没有征服不了的东西。

——塞内加

有一所位于偏远地区的小学校由于设备不足，每到冬季便要用老式的燃煤锅炉来取暖。小男孩马克·翰森天天提早来到学校，将锅炉打开，好让老师和同学们一进教室就享受到温暖。

但有一天，老师和同学们到达学校时，发现有火舌从教室冒出。他们急忙将马克·翰森救出，但他的下半身已被严重灼伤，整个人完全失去意识。送到医院急救后，马克·翰森稍微恢复了知觉。他躺在病床上迷迷糊糊地听到医生对妈妈说："这孩子的下半身被火烧得太厉害了，能活下去的希望实在很渺茫。"

但勇敢的马克·翰森不愿这样就被死神带走，他下定决心要活下去。果然，出乎医生的意料，他熬过了最关键的一刻。但等到危险期过后，他又听到医生在跟妈妈窃窃私语："其实保住性命对这孩子而言不一定是好事。他的下半身遭到严重伤害，就算活下去，下半辈子也注定是个残废。"

这时马克·翰森在心中又暗暗发誓，他不要做个残废，他一定要起

身走路，但不幸的是他的下半身毫无行动能力。两只细弱的腿垂在那里，没有任何知觉。出院之后，马克·翰森的妈妈每天为他按摩双脚，不曾间断，但仍是没有任何好转的迹象。即使如此，他要走路的决心也未曾动摇。

平时马克·翰森都以轮椅代步。有一天天气十分晴朗，妈妈推着他到院子里呼吸新鲜空气。他望着灿烂阳光照耀的草地，心中突然有了一个想法。他奋力将身体移开轮椅，然后拖着无力的双脚在草地上匍匐前进。

一步一步，他终于爬到篱笆墙边；接着他费尽全身力气，努力地扶着篱笆站了起来。抱着坚定的决心，他每天都扶着篱笆练习走路，一直走到篱笆墙边出现了一条小路。他心中只有一个目标：努力锻炼双脚。

凭着钢铁般的意志，以及每日持续的按摩，他终于能够站起来用双脚走路，甚至能跑步了。

后来他不但走路上下学，还能和同学们一起享受跑步的乐趣，进入了大学，他还被选入田径队。

一个被火烧伤下半身的孩子，原本一辈子都无法走路跑步，但凭着他坚强的意志，马克·翰森博士，跑出了全世界最好的成绩。

心灵感悟

戴尔·卡耐基曾说过一句很好的话："烹调'成功'的秘方是把'抱负'放到'努力'的锅中，用'坚韧'的小火慢慢炖熬，再加上'判断'来作调味品。"只有意志坚强的人，才能战胜一切困难，取得成功。顽强的毅力、坚强的意志是成功的保证！

沙漠的夏天

差不多任何一种处境——无论是好是坏——都受到我们对待处境的态度的影响。

——西尼加

在亚里桑那沙漠过第一个夏天，斯蒂芬想自己会被热死的。华氏112度的高温快把人烤熟了。

第二年4月，斯蒂芬就开始为过夏天担忧，3个月的地狱生活又要来了。有一天，当他在凤凰城的一个加油站给车加油时，和主人希普森先生聊起这里可怕的夏天。

"哈哈，你不能这样为夏天担忧，"希普森先生善意地责备着斯蒂芬，"对炎热的害怕只能使夏天开始得更早、结束得更晚。"

当斯蒂芬付钱时，他意识到希普森先生说对了。在自己的感觉中，夏天不是已经来了吗？开始了它为期5个月的肆虐。

"像迎接一个惊人的喜讯那样对待酷暑的来临，"希普森先生说着找给斯蒂芬零钱，"千万别错过夏天给我们的各种最美好的礼物，而夏天的种种不适躲在装有空调的房间里就过去了。"

"夏天还有最美好的礼物？"斯蒂芬急切地问。

"你从不在清晨5～6点起床？我发誓，6月的黎明，整个天际挂着漂亮的玫瑰红，就像少女羞红的脸。8月的夜晚，满天繁星就像深蓝色的海洋里漂浮的流水。一个人只有当他在华氏114度的高温里跳进水里，他才能真正体会到游泳的乐趣！"

当希普森先生去给另一辆车加油时，站在一旁的一位年轻加油工笑着轻声对斯蒂芬说："好啊！你得到了希普森的特别服务——免费传授他的人生哲学。"

使斯蒂芬惊奇的是，希普森先生的话果然有效。他不怕夏天了。4月和5月也就自动与炎炎夏季区分开了。当高温天气真的到来时，清晨，斯蒂芬在天堂般的凉爽中修剪玫瑰花；下午，他和孩子们舒舒服服地在家里睡觉；晚上，他们在院子里玩棒球游戏，做冰激凌吃，痛快极了。整个夏天，他还欣赏了沙漠日出特有的壮观景象。

几年之后，斯蒂芬一家搬到北部的克来兰德，不到9月，邻居们就为过冬担忧了。当12月的大雪真的落下来时，他们的孩子，10岁的大卫和12岁的唐真是兴奋极了，他们忙活着滚雪球，邻居们都站在一旁盯着看"这两个从没见过雪的愣头愣脑的沙漠小子"。

后来孩子们坐着雪橇上山滑雪、去湖面滑冰，回来以后，大人小孩都围坐在斯蒂芬家的壁炉旁，津津有味地吃热巧克力。

一天下午，一位中年邻居感慨地说："多年来，雪只是我们铲除的对象，我都忘了它真能给我们这么多欢乐呢！"

几年之后，他们又搬回沙漠。斯蒂芬开车到加油站，新主人告诉他希普森先生因年事已高把加油站卖了，在不远处又经营了一个小型加油站。

斯蒂芬开车到那儿，拜访希普森先生，并让他再给自己加油。他更瘦了，满头银发，但是他那愉快的笑容仍然依旧。斯蒂芬问他感觉怎么样。

"我一点不担心变老，"他说着从车篷下走出来，"在这里光欣赏生活的美都欣赏不过来呢！"

他边擦手边说:"我们有3棵果实累累的桃树,卧室窗外还有一个蜂鸟窝,想想还没有我指头大的美丽的小鸟,看上去真像一只小企鹅。"

他开着发票,继续说:"黄昏时,长耳大野兔奔跑跳跃;月亮升起来时,小狼在山坡上成群出现。我从来没有看到有这么多野生动物在春天活动。"斯蒂芬开车离开时,他向斯蒂芬喊道:"去观赏吧!"

心灵感悟

像迎接一个惊人的喜讯那样对待苦难的来临。乌云密布之日不是还可以享受湿润的空气吗?密布荆棘的道路之上一样有着湛蓝的天空,为何不抬头看看呢?

人生之路多荆棘

困难，是动摇者和懦夫掉队回头的便桥；但也是勇敢者前进的脚踏石。

——爱默生

1959年的春天，罗伯特在一家餐馆打工，做夜班服务台值班员，兼在马厩协助看管马匹。

旅馆老板是瑞士人，他对特员工的做法是欧洲式的。罗伯特和他合不来，觉得他是一个法西斯主义者，只想雇用安分守己的农民。

有一个星期，员工每天晚餐都是同样的东西：两根维也纳香肠、一堆泡菜和不新鲜的面包卷。伙食费要从薪水中扣除。罗伯特觉得异常愤慨。

整个星期都很难过。到了星期五晚上11点左右，罗伯特在服务台当班。当走进厨房时，他看到一张便条，是写给厨师的，告诉他员工还要多吃两天小香肠及泡菜。

罗伯特勃然大怒。因为当时没有其他更好的听众，他就把所有不满一股脑儿向刚来上班的夜班查账员沃尔曼宣泄。罗伯特说："我已经忍无可忍了！我要去拿一碟小香肠和泡菜，吵醒老板，用那碟东西掷他。

169

什么人也没有权力要我整个星期吃小香肠和泡菜，而且还要我付账。我讨厌吃小香肠和泡菜，要我再吃一天都难受！整家旅馆都糟透了！我要卷铺盖不干了……"罗伯特就这么痛骂了20分钟，还不时拍打桌子，踢椅子，不停地咒骂。

当罗伯特大吵大闹时，沃尔曼一直安静地坐在凳子上，用忧郁的眼神望着他。

沃尔曼曾在奥斯威辛纳粹德国集中营关过3年，最后死里逃生。他是一名德国犹太人，身材瘦小，经常咳嗽。他喜欢上夜班，因为他孤身一人，既可沉思默想，又可以享受安静，更可以随时走进厨房吃点东西——维也纳小香肠和泡菜对他来说是美味佳肴。

"听着，罗伯特，听我说，你知道你的问题在哪里吗？不是小香肠和泡菜，不是老板，也不是这份工作。"

"那么，到底我的问题在哪里？"

"罗伯特，你以为自己无所不知，但你不知道不便和困难的分别。若你弄折了颈骨，或者食不果腹，或者你的房子起火，那么你的确有困难。其他的都只是不便。生命就是不便，生命中充满种种坎坷。学习把不便和困难分开，你就会活得长久些，而且不会惹太多的烦恼。晚安。"

他挥手叫罗伯特去睡觉，那手势既像打发，又像祝福。

有生以来很少有人这样给自己当头一棒。那天深夜，沃尔曼使罗伯特茅塞顿开。

心灵感悟

　　命运是一件很不可思议的东西。虽说人各有志，但往往在实现理想时，会遭遇到许多困难，反而会使自己走向与志趣相反的路，而一举成功。

努力向前迈进

伟大的作品不是靠力量，而是靠坚持来完成的。

——约翰逊

一位熨衣工人住在汽车房屋中，他的周薪只60元。他的妻子上夜班，不过即使夫妻俩都工作，赚到的也只能勉强糊口。他们的孩子耳朵发炎，他们只好连电话也拆掉，省下钱去买抗生素为孩子治病。

这位工人希望成为作家，夜间和周末都在不停地写作，打字机的噼啪声不绝于耳。他的余钱全部用来付邮费，寄原稿给出版商和经纪人。

然而他的作品全被退回了。退稿信很简短，非常公式化，他甚至不敢确定出版商和经纪人究竟有没有真的看过他的作品。

一天，他读到一部小说，令他记起了自己的某本作品，他把作品的原稿寄给那部小说的出版商，他们把原稿交给了皮尔·汤姆森。

几个星期后，他收到汤姆森的一封热诚亲切的回信，说原稿的瑕疵太多。不过汤姆森的确相信他有成为作家的希望，并鼓励他再试试看。

在此后18个月里，他再次给编辑寄去两份原稿，但都被退还了。他开始试写第四部小说，不过由于生活逼人，经济上左支右绌，他开始放弃希望。

一天夜里，他把原稿扔进垃圾桶。第二天，他妻子把它捡了回来。"你不应该中途而废，"她告诉他，"特别在你快要成功的时候。"

他瞪着那些稿纸发愣。也许他已不再相信自己，但他妻子却相信他会成功。一位他从未见过纽约编辑也相信他会成功。因此每天他都坚持写上1500字。

他写完以后，把小说寄给汤姆森，不过他以为这次又准会失败。

可是他错了。汤姆森的出版公司预付了2500美元给他，于是史蒂芬·金的经典恐怖小说《嘉莉》诞生了。这本小说后来销售了500万册，并摄制成电影，成为1976年最卖座的电影之一。

心灵感悟

在我们的人生字典里，最重要的三个词就是：意志、工作、等待。我们要将这三块基石运用在成功的道路上。人生就像马拉松赛一样……只有坚持到最后的人，才能成为胜利者。

直逼目标

在这个世界上，取得成功的人是那些努力寻找他们想要的机会的人，如果找不到机会，他们就去创造机会。

——肖伯纳

麦克唐纳快餐馆的董事长克罗克没读完中学就出来做工，以维持生存。后来，他在一家工厂当上了推销员，生活有了明显的改善。另外，他在推销产品过程中也交了许多朋友，积累了大量有关经营管理方面的宝贵经验。后来，他决定创办自己的公司。

通过市场调查，克罗克发现当时美国的餐饮业已远远不能满足已变化了的时代要求，急需改革，以适应亿万美国人的快餐需求。但是，克罗克面临的首要问题就是资金问题，对于一贫如洗的克罗克来说，自己开办餐馆根本就不可能。

最后，他终于想出了一个好办法，他在做推销员工作时，曾认识了开餐馆的麦克唐纳兄弟，自己可以到他们的餐馆中学习，最后实现自己的理想。

于是，克罗克找到麦氏兄弟，讲述自己目前的窘境，最后博得了对方的同情，恳请麦氏兄弟帮忙，答应他留在餐馆做工。

克罗克深知这两位老板的心理特点，为了尽早实现自己的目标，他又主动提出在当店员期间兼做原来的推销工作，并把推销收入的5％让利给老板。

为取得老板的信任，克罗克工作异常勤奋，起早贪黑，任劳任怨。他曾多次建议麦氏兄弟改善营业环境，以吸引更多的顾客；并提出配制份饭、轻便包装、送饭上门等一系列经营方法，扩大了业务范围，增加服务种类，获取更多的营业收入；建议在店堂里安装音响设备，使顾客更加舒适地用餐；他还大力改善食品卫生，狠抓饮食质量，以维护服务信誉；同时认真挑选店堂服务员，尽量雇佣动作敏捷、服务周到的年轻姑娘当前方招待，而将那些牙齿不整洁、相貌平常的人安排到后方工作，做到人尽其才，确保服务质量，更好地招待顾客。

克罗克为店里招来了不少顾客，老板对他更是言听计从。餐馆名义上仍是麦氏兄弟的，但实际上餐馆的经营管理、决策权完全掌握在克罗克的手中。不知不觉，克罗克已在店里干了6个年头。时机终于成熟了，他通过各种途径筹集到了一大笔贷款，然后跟麦氏兄弟摊牌。起初，克罗克先提出较为苛刻的条件，对方坚决不答应，克罗克稍作让步后，双方又经过激烈的讨价还价，最终克罗克以270万美元的现金，买下麦氏餐馆，由他独自经营。

第二天，该餐馆里发生了引人注目的主仆易位事件，店员居然炒了老板的鱿鱼，这在当时可以说是当地特大的新闻，引起了巨大的轰动，而快餐馆也借众人之口，深入人心，大大提高了其在美国的知名度。克罗克入主快餐馆后，经营、管理更加出色，很快就以崭新的面貌享誉全美，经过20多年的苦心经营，总资产已达42亿美元，成为国际十大知名餐馆之一。

心灵感悟

人的目标一旦明确，就应制订切实可行的计划一步步去接近它，然后在实行的过程中寻找合适的机会，在蓄势待发的情况下就会一击必中。

有压力才能激发潜力

人可以忍受不幸，也可以战胜不幸，因为人有着惊人的潜力，只要立志发挥它，就一定能渡过难关。

——卡耐基

每年10月底时，欧美国家的人都要过万圣节。这一天，人们都会购买大南瓜、糖果和各种调皮或恐怖的服饰穿在身上。万圣节的晚上，小孩子纷纷扮成各种精灵鬼怪，挨门逐户地去要糖果吃；大人们则喜欢开派对来庆祝。

一个万圣节的晚上，有个人在参加过派对以后，独自醉醺醺地往家走，不知不觉便走进了一个坟场。那里有一个新挖的墓坑，虽然很深，但还没有安放棺木。那人蹒跚着一路直行，一不小心就跌进了墓坑里。

"咦！这是什么地方，怎么地上忽然有个大洞呢？"这个人感到十分奇怪。他想尝试着跳出去，可是因为墓坑很深，他试了多次都没能成功。

"真倒霉！"经过多次尝试后，这个人累得气喘吁吁，筋疲力尽，就索性蹲在里面等到天亮再说。

过了一会儿，他突然听见"哎呀！"一声，原来又有一个酒鬼掉了下来。这个酒鬼为了赶时间，便刻意取道坟场回家，不小心也跌进了那个空墓坑。

"是哪个该死的家伙挖了这样一个又深又大的墓坑！"第二个酒鬼自言自语地说。

"你也来了呀！"他听到了一个阴森森的声音。

"哇！我撞见鬼了！"第二个酒鬼万万没有想到这里会有人，真的以为自己碰到鬼了。于是，他马上用尽全身力气一跳，竟然真的跃到了地面，头也不回地跑了。

"咦？怎么这个人一跳就成功了？"于是，先掉下来的酒鬼又试着跳了几次，可是仍然没法上去。因此他梦呓般地说："大概他是一流的跳高选手吧！"然后，他便又沉沉地睡去了。

两个酒鬼，为什么第二个人跌到墓坑后能一跳就上去，而第一个却怎么试也无法成功？因为第二个酒鬼知道自己跌进了一个空墓坑，又忽然听到有人说话，便认为自己遇到鬼了，他的心里因此而产生了巨大的压力，这种压力使他的潜能被充分激发出来，所以一下子就跳出了深坑。

心灵感悟

其实每个人的身上都蕴涵着巨大的潜力，也许有时候我们并没有意识到它的存在，只有当外界给我们的压力足够大的时候，才能被激发出来。

68岁考耶鲁

必须记住我们学习的时间是有限的。时间有限，不只由于人生短促，更由于人事纷繁。

——斯宾塞

阿克塞波青年时代喜欢学习语言，学习历史，喜欢阅读文学作品。当他从欧洲来到美国定居的时候，白天在磨坊干活，晚上就读书。但没过多久，他就结了婚，此后，他的精力全都用在应付农场的日常工作和家庭的各种开销上。多年过去了，他再也找不到时间学习。

63岁那年，他决定退休。孩子们请他和他们同住，但阿克塞波拒绝了。"不，"他回答说，"你们搬到我的农场来吧。农场归你们管理，我到山上去住，我在山上能望见你们。"

他在山上修建了一间小屋，自己做饭，自己料理生活，闲暇时去公立图书馆借许多书回来阅读。他觉得自己从来没有生活得这么自在。

他一反过去的习惯，早晨常常在床上躺到七八点钟，吃罢饭，往往还"忘记"打扫房间或清洗碗碟。后来，他甚至开始在夜间外出散步，他发现了黑夜的奥秘，他看到了月光下广阔的原野，听到了风中摇曳着草和树的声音。有时他会在一座小山头停下来，张开双臂，站在那里欣赏脚下沉睡的土地。

阿克塞波从图书馆借来的书中有一本小说，这本小说让他感触很深。小说的主人公是一名耶鲁大学的青年学生，小说主要叙述这名青年怎样在学业和体育方面取得的成就，还有一些章节描述了他丰富多彩的校园生活。

阿克塞波现在68岁了，一天凌晨，他读完了这本小说的最后一页。这时，他突然作出了一个决定：上大学，上耶鲁大学。

他一辈子爱学习，现在他有很多时间，为什么不上大学？

为了参加入学考试，他每天读书10个小时。他读了许多书，有几门学科他已相当有把握。于是他购置了几件像样的衣服，买了一张去康涅狄格州纽海芬的火车票，直奔耶鲁大学。

他的考试成绩合格了，于是顺利被耶鲁大学录取。入学还不到两个星期，阿克塞波就发现，同学们对他似乎格外尊重，不仅仅因为他年龄大，还因为他来上学的目的与众不同。别人选修的科目，都是为了有利于以后找工作、挣钱，而他和大家都不一样，他对有助于挣钱的科目不感兴趣。

他是为了快乐而学习，他学习的目的是要了解人类的过去和未来，了解世界的奥秘，弄清楚生活的目的，使自己的余生过得更有价值。教授对学生们说，阿克塞波才真正是在学习。

几年后，阿克塞波完成了学业，并获得了学位，而且健康充实地活到95岁。

心灵感悟

任何时候人的学习都应该处在进行中，把计划定到"明天"或"以后"是可耻的。对于学习，什么时候开始都不算晚；对于思考，什么时候开始都不算早。

勇气和徽章

如果不敢去跑，就不可能赢得竞赛；如果不敢去战斗，就不可能赢得胜利。

——瑞查德·德沃斯

强斯顿在战争中受了伤，他的一条腿有点残疾，而且疤痕累累。幸运的是，他仍然能够享受他最喜欢的运动——游泳。

有一个星期天，在他出院以后不久，他和他的太太在汉景顿海滩度假。做过简单的冲浪运动以后，强斯顿先生在沙滩上享受日光浴。不久他发现大家都在注视他，从前他没有在意过自己满是伤痕的腿，但是现在他知道这条腿太惹人注目了。

下一个星期天，强斯顿太太提议再到海滩去度假。但是强斯顿拒绝了——说他不想去海滩而宁愿留在家里。他的太太的想法却不一样。"我知道你为什么不想去海边，强斯顿，"她说，"你开始对你腿上的疤痕产生错觉了。"

"我承认我太太的话，"强斯顿先生说，"然后她向我说了一些我将永远不会忘记的话，这些话使我的心里充满了喜悦。她说：'强斯顿，你腿上的疤痕是你勇气的徽章，你的光荣是赢得了这些疤痕。不要想办

179

法把它们隐藏起来，你要记得你是怎样得到它们的，而且要骄傲地带着它们，现在走吧——我们一起去游泳。'"

强斯顿去了，他的太太已经除掉了他心中的阴影，强斯顿的生活又有了更好的开始。

心灵感悟

不要被他人的目光所迷惑，以己之心揣度别人的想法是很愚蠢的事情。如果你只对掌控自己的感受有把握，就试着保持每天拥有一份好心情吧。

充满信心的冒险

并非所有人都能成功，勇于进取者往往要冒失败的风险。

——托·斯摩莱特

威尔逊在创业之初，全部家当只有一台分期付款赊来的爆米花机，价值50美元。第二次世界大战结束后，威尔逊做生意赚了点钱，便决定从事地皮生意。如果说这是威尔逊的成功目标，那么，这一目标的确定，就是基于他对自己的市场需求预测充满信心。

当时，在美国从事地皮生意的人并不多，因为战后人们一般都比较穷，买地皮修房子、建商店、盖厂房的人很少，地皮的价格也很低。当亲朋好友听说威尔逊要做地皮生意时，异口同声地反对。

而威尔逊却坚持己见，他认为反对他的人目光短浅。他认为虽然连年的战争使美国的经济很不景气，但美国是战胜国，它的经济会很快进入大发展时期。到那时买地皮的人一定会增多，地皮的价格会暴涨。

于是，威尔逊用手头的全部资金再加一部分贷款在市郊买下很大的一片荒地。这片土地由于地势低洼，不适宜耕种，所以很少有人问津。可是威尔逊亲自观察了以后，还是决定买下了这片荒地。他的预测是，美国经济会很快繁荣，城市人口会日益增多，市区将会不断扩大，必然向郊区延伸。在不远的将来，这片土地一定会变成黄金地段。

后来的事实正如威尔逊所料。不出3年，城市人口剧增，市区迅速发展，大马路一直修到威尔逊买的土地的边上。这时，人们才发现，这片土地周围风景宜人，是人们夏日避暑的好地方。于是，这片土地价格倍增，许多商人竞相出高价购买，但威尔逊不为眼前的利益所惑，他还有更长远的打算。后来，威尔逊在自己这片土地上盖起了一座汽车旅馆，命名为"假日旅馆"。由于它的地理位置好，舒适方便，开业后，顾客盈门，生意非常兴隆。从此以后，威尔逊的生意越做越大，他的假日旅馆逐步遍及世界各地。

心灵感悟

商业人士最忌讳鼠目寸光与唯唯诺诺，只盯着眼前的利益，而看不到未来的前景，这样永远不会有大的作为，只有目光远大、目标明确而又无比自信的人，才能开拓出属于自己的天地。

接受挑战

接受挑战，就可以享受胜利的喜悦。

——杰纳勒尔·乔治·巴顿

伍德是音乐系的学生，这一天，他走进练习室。在钢琴上，摆着一份全新的乐谱。

"超高难度……"伍德翻动着乐谱，喃喃自语，感觉自己对弹奏钢琴的信心似乎跌到了谷底，消弭殆尽。

已经三个月了！自从跟了这位新的指导教授之后，不知道，为什么教授要以这种方式整人。

伍德勉强打起精神，他开始用手指奋战、奋战、奋战……琴音盖住了练习室外教授走来的脚步声。

指导教授是个极有名的钢琴大师。授课第一天，他给自己的新学生一份乐谱。"试试看吧！"他说。

乐谱难度颇高，伍德弹得生涩僵滞、错误百出。

"还不熟，回去好好练习！"教授在下课时，这样叮嘱学生。

伍德练了一个星期，第二周上课时正准备让教授测试。没想到，教授又给了他一份难度更高的乐谱，"试试看吧！"上星期的课，教授提也没提。

伍德再次挣扎于更高难度的技巧挑战。

第三周，更难的乐谱又出现了。

同样的情形持续着，伍德每次在课堂上都被一份新的乐谱所困扰，然后把它带回去练习，接着再回到课堂上，重新面临两倍难度的乐谱，却怎么样都追不上进度，一点也没有因为上周的练习而有驾轻就熟的感觉。伍德感到越来越沮丧和气馁。

教授走进练习室。

伍德再也忍不住了。他必须向钢琴大师提出这几个月来自己承受的巨大压力。

教授没开口，他抽出了最早的那份乐谱，交给伍德。"弹弹看！"他以坚定的目光望着学生。

不可思议的结果出现了，连伍德自己都惊讶万分，他居然可以将这首曲子弹奏得如此美妙、如此精湛！教授又让伍德试了第二堂课的乐谱，学生依然呈现超高水准的表现……演奏结束，伍德怔怔地看着老师，说不出话来。

"如果，我任由你表现最擅长的部分，可能你还在练习最早的那份乐谱，就不会有现在这样的水平。"钢琴大师缓缓地说。

心灵感悟

　　万无一失意味着止步不前，那才是最大的危险。为了避险，才去冒险，避平庸无奇的险，值得。别绕开困难，它正是你挑战自我的机会。

维护尊严

　　一个人的尊严并非在获得荣誉时，而在于本身真正值得这荣誉。

　　　　　　　　　　　　　　　　　　——亚里士多德

　　十多年前，一位旅行家到马来半岛旅游。半岛地处热带，雨林葱郁，繁花似锦，五颜六色的奇异鸟类在空中飞翔鸣唱。海岸边，碧波起伏，沙滩如玉。岛上的土著居民一身阳光染就的健康肤色，从容而快乐。自然风光让旅行家如痴如醉，淳朴民风更让他流连忘返。特别是偶然遇到的一场奇异的决斗场面，更让他眼界大开。

　　决斗者是两名萨凯部落的男青年，几乎一样健壮、一样帅气。他们满脸严肃地走到决斗的地点，赤裸的上身，一副不是鱼死就是网破的神情。令旅行家大惑不解的是，决斗者的手中，既没有枪，也没有剑，而是一人握着一根孔雀翎。孔雀翎就是孔雀的尾羽。他们握住上端的羽梗，将下端圆圆的、中间有一只美丽"眼睛"的尾部指向对方，找好适当距离站定。决斗开始了，只见他们举起"武器"，把那美丽的"眼睛"触向对方赤裸的上身，而且专找那些最薄弱的地方，千方百计地给对方搔痒。随着时间的推移，两人的表情也发生着微妙的变化，由怒气冲冲慢慢地变成了"忍俊不禁",最后,一方终于难耐"折磨",控制不住笑出声来,决斗即告结束。决斗的双方竟然怒气全消,互相拍拍肩膀,一前一后地离开了。

旅行家问导游:"这是不是一场特意安排的幽默表演?"导游肯定地答复说:"绝对不是。这是萨凯部落的一个传统习俗,什么时候产生的不知道,但确实已流传了好多年。在这个部落里,一个人如果以为受到了别人的侮辱,便可以用决斗来泄愤。决斗的方式只有一种,就是你刚才看到的。决斗的时间没有限制,可以从早上持续到晚,直到其中一方笑出了声,决斗方告结束。先笑者为输家。笑过之后,冤家对头往往会握手言和。刚才的两个小伙子是一对情敌,为一个姑娘互不相让,所以只好决斗。决斗后胜者高兴,输者也心悦诚服,因为世代相传的游戏规则早已内化为自觉遵守的观念。这样的决斗,不仅能使难题迎刃而解,而且双方身体都不会受到伤害,更不会造成流血。"

旅行家的心灵受到了强烈的震撼,他绝对没有想到在这个近乎原始的地方,竟然存在着如此高超的生存智慧,如此充满艺术魅力的维护尊严的方式。

心灵感悟

尊重是双向的,你能给人尊重,别人也报以欣赏,你若轻视别人,别人也一定还以鄙薄。要知道,自尊与被人尊重,都是快乐的体验。

数学界的花木兰

　　我们称之为进步的，只不过以某种麻烦取代了另一种麻烦。

　　　　　　　　　　　　　　　　　——埃利斯

　　1806年拿破仑大军进攻普鲁士，一位在前线指挥的军官下令，一定要特别保护大数学家高斯教授，不准伤害她。高斯对此感到很奇怪。军官回答说："我是受女朋友重托，千万不能再犯罗马兵杀死大科学家阿基米德的错误，她是和你通信讨论数学的一位女士，热尔曼小姐。"

　　高斯更加惊讶：法国有一位勒布朗先生和我通过写信讨论数学的难题，哪里来的热尔曼女士呀？

　　谜底揭穿了。索菲·热尔曼女士只好承认正是自己冒名勒布朗先生。

　　热尔曼少年时读到了一本数学史，里面说到古希腊大科学家阿基米德的死：罗马军破城时他还在沙土上画几何图形，他不但没有回答敌兵的问题，还命令他们不许破坏沙土上的图形，于是遭到杀害。她想，能够使人入迷到忘了死亡危险的学问她也要学学，没想到一开始学它就被它迷上了。

　　她想进入高级开艺学校学习数学，可那里不收女生。后来她发现有

187

一个学生退学了，她就冒名顶替了他，化身成为勒布朗先生。经过两个多月，数学导师奇怪的发现：怎么一个数学不能及格的学生忽然变得才华横溢？他约这个学生面谈。伪装撕破了，幸亏这位导师没有性别歧视，继续对她指导帮助。

她对当时的热门话题费尔马大定理的证明投入了更多的兴趣。她得出了一条新的途径，但需要和一位大数学家进行讨论，那只能是高斯。但她太年轻，只有二十几岁，又是女性，怕遭到歧视，于是再一次以化名的身份出现。

1825年，两位数学家利用她的思路各自对费尔马大定理作出了进一步的证明。热尔曼的新思路、新方法没有直接地答题，而是全面论证了题意，这是学术上第一次的突破。法国科学院授予她金质奖章，她也是第一位凭借自己的学术成就得奖的女性。

心灵感悟

在按自己的意愿改变事物的过程中，我们往往难以如愿以偿，并且还会遇到艰难险阻，但只要我们持之以恒地努力奋斗、发挥我们的力量，会有成功的一天。

战胜软弱

勇气是人类最重要的一种特质，倘若有了勇气，人类其他的特质自然也就具备了。

——丘吉尔

你感到经常受到压制，被人欺负吗，你想改变这种处境吗？请接受韦恩·戴尔的劝告……

人们是怎样对待你的？你是不是三番五次地被人利用和欺负？你是否觉得别人总占你的便宜或者不尊重你的人格，人们在订计划的时候是否不征求你的意见，而觉得你会百依百顺？你是否发现自己常常在扮演违心的角色，而仅仅因为在你的生活中人人都希望你如此？

韦恩·戴尔从诉讼人和朋友们那儿最常听到的悲叹所反映的就是这些问题。他们从各种各样的角度感到自己是受害者，他的反应总是同样的："是你自己教给别人这样对待你的。"

盖伊尔来找戴尔，因为她感到自己受到专横的丈夫冷酷无情的控制。她抱怨自己对丈夫的辱骂和操纵逆来顺受。她的三个孩子也没有一个对她表示尊重。她已经是走投无路了。

她讲述了她的身世。韦恩·戴尔听到的是一个从小就容忍别人欺负的人的典型例子。从她性格形成的时期开始，直到结婚为止，她的行动一直受到她的极端霸道的父亲的监视。没想到她的丈夫"碰巧"也和她的父亲非常相像，因此婚姻又一次把她推入陷阱。

韦恩·戴尔对盖伊尔指出，是她自己无意之中教会人们这样对待她的。这根本不是"他们的"过错。她不久就理解了，那么多年她一直是忍气吞声，实际上是自己害了自己，她的任务应当是从自己身上而不是从周围坏境来寻找解决问题的方法。

盖伊尔的新态度就是设法向她的丈夫及孩子们表明：她不再是任人摆布的了。她丈夫最拿手的一个伎俩就是向她发脾气，对她表示嫌弃，特别是当孩子们或者其他的成年人在场的时候。过去她不愿意当众大吵一场，因此对丈夫的挑衅总是毫无办法。现在，她要完成的第一个任务就是理直气壮地和她丈夫抗争，然后拂袖而去；当孩子们对她表现出不尊重的时候，她坚决地要求他们有礼貌。

在采取这种更有效的态度的几个月之后，盖伊尔高兴地向韦恩·戴尔汇报说，她的家庭对她的态度发生了很大的变化。盖伊尔通过切身经历了解到，的的确确是自己教会别人怎样对待自己的。三年之后的今天，她已经很少再被别人欺负、被人不尊重了。

盖伊尔还懂得了自己解救自己的关键是用行动而不是用语言去教育人。如果你打算通过一次冗长的讨论来让人理解你不愿再受侵犯的重要信息，那么你得到的好处将仅仅局限在你和欺负你的人之间的谈话过程中，也许你还会和欺负你的每一个人进行多次"交流"，但是必须等到你学会了有效的行动方式，否则你仍然会受到烦扰。这就证明，你的表明决心的行动胜过千百万句深思熟虑的言辞。

许多人以为斩钉截铁地说话意味着令人不快或者蓄意冒犯。其实不然，它意味着大胆而自信地表明你的权利，或者声明你不容侵害的立场。

托尼在和售货员打交道时总是缺乏胆量。由于害怕售货员不高兴，他常常买回自己不想要的东西。他正在努力使自己变得更果断一些。一

次，他去商店买鞋，看到一双自己喜爱的鞋，就告诉售货员，他要买下这一双。但是，正当售货员把鞋装进鞋盒的时候，托尼注意到其中一只的鞋面上有一道擦痕。他抑制住自己当即萌生的不去计较的念头，说道："请给我换一双，这只鞋上有擦痕。"

售货员回答道："行，先生，这就给您换一双。"这个时刻对于托尼的一生来说是一个转折点，他开始锻炼自己果断行事。新的处世方法的报偿远远超过了买到一双没有擦痕的鞋子。他的上司、他的妻子以及孩子们和朋友们都感觉到，他变成了一个新的托尼。他不再是一味应承了。托尼不仅经常地得到己所欲求的东西，而且还获得了不可估量的尊敬。

下面就是一些策略。你可以运用这些策略来告诉别人如何尊重你。

尽可能多地用行动而不是用言辞作出反应。如果在家里有什么人逃避自己的责任，而你通常的反应就是抱怨几句然后自己去做，下一次就要用行动来表示；如果应当是你的儿子去倒垃圾而他经常忘记，就提醒他一次。如果他置之不理，就给他一个期限。如果他无视这一期限，那么你就不动声色地把垃圾倒在他的床头。一次这样的教训，要比千言万语更能让他明白你所说的"职责"的意思。

拒绝去做你最厌恶的、也未必是你的职责的事。两个星期不去割草坪或者洗衣服，看看会发生什么情况。如果你能付得起钱，就雇个人帮你做，要么让家里其他的成员自己动手照料自己。一般来说，家里一切下等活都由你干，仅仅是说明你已经向别人表明你会毫无怨言地干这些活。

斩钉截铁地说话。即使是在可能会显得有些唐突的场所，也要毫无拘束地对服务员、售货员、陌生人、秘书、出租车司机说话，对蛮横无理的人以牙还牙。你必须在一段时期内克服你的胆怯和习惯心理。你必须心甘情愿地迈出这第一步。记住：千里之行始于足下。

不再说那些招引别人欺负你的话。"我是无所谓的"，"我可没什么能耐"，或者"我从来不懂那些法律方面的事"，诸如此类的推托之辞就像是为其他人利用你的弱点开了许可证。当服务员合计你的账单时，如果你告诉他你对计算一窍不通，那你就是暗示他，你不会挑什么"错儿"的。

对盛气凌人者以牙还牙。

当你碰到吹毛求疵的、好插嘴的、强词夺理的、夸夸其谈的、令人厌烦的，以及其他类似的欺人者，应冷静地指明他们的行为。你可以用诸如此类的话声明："你刚刚打断了我的话"或者"你埋怨的事永远也变不了"。这种策略是非常有效的教育方式，它告诉人们，他们的举止是不合情理的。你表现得越平静，对那些试探你的人越是直言不讳，你处于软弱可欺的地位上的时间就越少。

告诉人们，你有权利支配自己的时间去做自己愿意干的事。从繁忙的工作中或是热烈的场合中脱身休息一下是理所当然的。把你支配自己休息和娱乐的时间视为是无可非议的，这是不容他人侵犯的正当权益。

敢于说"不"！它摒弃了那种支支吾吾的态度，它容易给人造成误解你的空子。和隐瞒自己真实感受的绕圈子的话相比，人们更尊重那种不含糊的回绝。同时，你也会更加尊重你自己。

不要为人所动，并因此对自己所采取的果断态度感到内疚。如果有人对你做出受了委屈的表情，向你说好话，许给你好处或是表示生气时，你不要感到不好受。一般来说，你过去已经教会他怎样欺负你，对这样的人这种做法你是不大知道该如何反应的。在这种时候，你要站稳脚跟。

记住：是你教会人们怎样对待你的。如果你把这一条当做指导你生活的原则的话，你就能够自己解放自己了。

❋心灵感悟❋

勇敢产生在战争中，勇气是在每天对困难的顽强抵抗中养成的。在人类全部的美德中，勇敢是其中的最高峰。

第六篇
勇敢坚韧

学会勇敢面对

> 勇敢是人类美德的高峰。
>
> ——普希金

杰克逊是一位非常博学聪慧的老作家，现在和夫人住在佛蒙特州科斯林附近的农场里过着隐居的生活。在一个晴朗的晚冬日子，整个农场为覆盖着白雪的田野和树林所环绕，戴维专程去那拜访了他。

埃德加·N.杰克逊这位"心灵的医生"，他多年的写作和教学曾帮助过许许多多身处逆境的人们，现在正不得不用自己的智慧滋养着自己——前些日子，老人因意外地受到了重物的撞击，身体的右半侧失去了知觉，甚至丧失了说话能力。医生的预测是很不乐观的，他们告诉他的夫人：看来想恢复说话能力是不可能的了。可是几个星期后，老人不仅又能进行交谈了，而且还决心要获得更多的才能。

埃德加拄着手杖，步履缓慢地起身迎接戴维，但眼神中流露着清晰可辨的朝气和活力。他们一起走进书房，只见一大堆新的、旧的书籍排列在书桌周围，桌上除了大量的资料、杂志，还端放着一台文字信息处理机。

得知他的书能对戴维有所帮助，他显得有些兴奋。戴维告诉他，失

败的旋涡实际上仍然使自己感到悔恨和悲痛，甚至无力自拔。

"现在你需要的就是痛心疾首地反省自己的失败，学会从悔恨和悲伤中寻找安慰。"他接着劝诫戴维，"一些人不因悔恨的震惊而醒悟，因此无法得到安慰；但是那些真正懂得悲痛的人，就能获得新的灵感和更加充实的信念。"

"我给你看一样东西。"他指向窗外远处的光秃秃的糖槭树，那些糖槭树是环绕着那片三英亩的牧场栽种的。他们从边门走出去，踩着嘎吱嘎吱作响的积雪，慢慢走向牧场。

戴维注意到，在每一棵大树之间都有绞扎在一起、锈迹斑斑的、带着铁刺的铁刺网串接着。埃德加告诉戴维："60年前，这家主人种下了这些树，用来拉铁丝网当做圈围牧场的栅栏，这样就省得挖坑埋桩了。可是，把铁丝网钉进幼嫩的树皮里，确是对那些小树的极大不幸。一些树进行反抗，一些树也就接受了：你看这，铁丝网已经长进树里去了。"

他又指向一棵因铁丝的伤害已严重畸形的老树，"为什么那棵树用损伤自己来反抗，这棵树却接受了铁丝网而不是牺牲自己？"近旁的这棵树丝毫没有那种长长的、看了令人作痛的疤痕；相反，铁丝网就像铁钻一样从树干的一头嵌入，又从另一端出现。

"这片老树使我想得很多，"回来的路上埃德加对戴维说，"是内在的力量使老树能够克服铁丝网的损伤，它们不愿让铁丝网葬送掉自己的余生！那么一个人又怎样变不幸的悲痛为再生的力量，而不是让它成为自己生活的障碍呢？"

埃德加也无法理解发生在糖槭树身上的奇迹，"但对于人来说，我们有勇敢地面对逆境和超越痛苦的途径：为自己保持一幅富于朝气和活力的前景，不要害怕别人的怨恨和嘲笑，尽量对自己宽容——这是最重要也是最费力气的了，应该在自己身上花大工夫。我们许多人总是对自己过于苛刻，我觉得我们每个人都应该和自己签订一个和平条约——忘掉自己那些已经造成了的愚蠢错误吧！"。

进屋时，他望着那片糖槭树深沉地说："如果我们能理智地驾驭不幸，如果我们能彻底地反省自己的过失，'铁丝网'就不会得胜，我们就能够克服任何不幸，我们就能够成功地生活下去。"

喝着夫人端来的咖啡，埃德加欣慰地告诉戴维："我不断地给我的生活画出一条新的起跑线，获取新的知识、新的友谊、新的体验。"他兴奋地注视着那台新的文字信息处理机和许多新书；他自己也正在奋斗！虽然半身不遂还时常困扰着他，但他没有让步。

心灵感悟

你若失去了财产——你只失去了一点，你若失去了荣誉——你就丢掉了许多，你若失去了勇敢——你就把一切都丢掉了。

有志不在年高

有些人到了老年才第一次体验自己的青春。

——保罗

　　他静静地埋伏在草丛里，思索着。他研究过小女孩的习惯，知道她会在下午两三点钟从外公的家里出来玩。

　　为此他深深地痛恨自己。

　　尽管他的日子过得一塌糊涂，可他从来没有过绑架这种冷酷的念头。

　　然而此刻他却借着屋外树丛的掩护，躲在草丛中，等待着一个天真无邪、长着红头发的两岁小姑娘进入他的攻击范围。

　　这是漫长的等待，使他有时间去思考。或许哈伦德从前的日子都过得太匆忙了。

　　他父亲是印第安那州的农民。去世时他才5岁。

　　他14岁时从伍德学校辍学开始了流浪生涯。

　　他在农场干过杂活，干得很不开心。

　　当过电车售票员，也很不开心。

　　16岁时他谎报年龄参了军——而军旅生活也不顺心。

　　一年的服役期满后，他去了阿拉巴马州。开了个铁匠铺，不久就倒闭了。

随后他在南方铁路公司当上了机车司炉工。他很喜欢这份工作，以为终于找到了自己的位置。

他18岁时娶了媳妇，没想到仅过了几个月时间，在得知太太怀孕的同一天又被解雇了。

接着有一天，当他在外面忙着找工作时，太太卖了他们所有的财产逃回了娘家。

随后大萧条开始了。哈伦德不会因为老是失败而放弃。别人也是这么说的。他确实努力过了。

有一次还是在铁路上工作的时候，他曾通过函授学习法律，但后来放弃了。

他卖过保险，也卖过轮胎。

他经营过一条渡船，还开过一家加油站。都失败了。认命吧，哈伦德永远也成功不了。

此刻，他躲在弗吉尼亚州若阿诺克郊外的草丛中，谋划着一次绑架行动。他观察过小女孩的习惯。知道她下午什么时候会出来玩。

可是，这一天，她没出来玩。因此他还是没能突破他一连串的失败。

后来，他成了考宾一家餐馆的主厨和洗瓶师。要不是那条新的公路刚好穿过那家餐馆，他会干得很好。

接着到了退休的年龄。

他并不是第一个，也不会是最后一个到了晚年还无以为耀的人。幸福鸟，或随便什么鸟，总是在不可企及的地方拍打着翅膀。他一直安分守己——除了那次未遂的绑架。

出于公正，必须说明的是，他只是想从离家出走的太太那儿绑架自己的女儿。

不过，母女俩后来回到了他身边。

时光飞逝，眼看一辈子都过去了，而他却一无所有。要不是有一天邮递员给他送来了他的第一份社会保险支票，他还不会意识到自己老了。

那天，哈伦德身上的什么东西愤怒了，觉醒了，爆发了。

政府很同情他。政府说，轮到你击球时你都没打中，不用再打了，该是放弃、退休的时候了。

他们寄给他一张退休金支票，说他"老"了。

他说："呸。"

他气坏了。他收下了那105美元的支票，并用它开创了新的事业。

今天，他的事业欣欣向荣。而他，也终于在88岁高龄大获成功。

这个到该结束时才开始的人就是哈伦德·山德士。

他用他第一笔社会保险金创办的崭新事业正是肯德基家乡鸡。

接下来的故事想必您已经知道。

心灵感悟

只要还未收到上帝明确的召唤旨意，任何时候开始自己新的事业和生活都不算晚。人生的选择权还掌握在自己的手中，如果你还拥有勃勃的雄心与坚强的毅力的话。

密特朗死里逃生

记住，当人生的道路陡峭的时候，要保持沉着。

——林肯

　　法国总统密特朗在第二次世界大战时是抵抗运动的一位领导人，他的化名是"莫尔朗"。他常能奇迹般地越过陷阱，在敌人的鼻子底下，一次次完成了预定的计划。

　　1942年冬天，密特朗打算越过分界线去办件事，按习惯，一路上他用假身份证，闯过了不少关卡。但是到了穆兰的马德伦车站时，却遇上了大搜查，站在车站检票处的警察仔细地查看他的身份证，并不断地翻阅名册。名册上登记的都是南北两个占领区想冒险越境的危险分子名单。如果对上号，就当场逮捕。密特朗身临险境，神色泰然，警惕地注视着警察一页又一页地翻阅。突然，密特朗在名册上看到了自己的照片，在这千钧一发之际，他镇定自若地观察对方的神态，发现对方并未识破。于是装作若无其事的样子，毕恭毕敬地站在一旁等待。最后，警察对他说："你可以过去了。"

　　几个月后，在蒙帕纳斯车站他又一次遇险。密特朗是从昂热乘上火车，到了蒙帕纳斯车站后，刚下火车就被扣留了。经济监督官对他说，

要进行经济检查，领他到检查处，命令他打开旅行包。在密特朗不慌不忙地打开旅行包之后，经济监督官就动手翻起来。他见包裹装着一件雨衣，再往下翻，一支左轮手枪露了出来，再下面还有一小瓶酒精和装着一丸氰化物的小匣子。一切都暴露了，怎么办？必须当机立断。密特朗很镇静、沉着，决定在迫不得已的时候再动武。监督官查完后，并无意逮捕他，反而轻声地对他说："你走吧！可以出去了，我只管查走私犯。"这样，密特朗又闯过了一道险关。

心灵感悟

　　木桶能装多少水取决于其中最短的那根木料的长度，人的承受力大小也是取决于当身处困境时对情绪的控制力。

拥有自信

　　要有自信，然后全力以赴——假如具有这种观念，任何事情十之八九都能成功。

　　　　　　　　　　　　　　　　　　　　　　——威尔逊

　　5年前，斯蒂芬·阿尔法经营的是小本农具买卖。他过着平凡而又体面的生活，但并不理想。他家的房子太小，也没有钱买他们想要的东西。阿尔法的妻子并没有抱怨，很显然，她只是安于天命却并不幸福。

　　但阿尔法的内心深处变得越来越不满。当他意识到爱妻和他的两个孩子并没有过上好日子的时候，心里就感到深深的刺痛。

　　但是今天，一切都有了极大的变化。现在，阿尔法有了一所占地2英亩的漂亮新家。他和妻子再也不用担心能否送他们的孩子上一所好的大学了，他的妻子在花钱买衣服的时候也不再有那种犯罪的感觉了。阿尔法过上了真正的生活。

　　阿尔法说："这一切的发生，是因为我利用了信念的力量。5年以前，我听说在底特律有一个经营农具的工作。那时，我们还住在克里夫兰。我决定试试，希望能多挣一点钱。我到达底特律的时间是星期天的

早晨，但公司与我面谈还得等到星期一。晚饭后，我坐在旅馆里静思默想，突然觉得自己是多么的可憎。'这到底是为什么！'我问自己'失败为什么总属于我呢'？"

阿尔法不知道那天是什么促使他做了这样一件事：他取了一张旅馆的信笺，写下几个他非常熟悉的、在近几年内远远超过他的人的名字。他们取得了更大的权力和更高的职位。其中两个原是邻近的农场主，现已搬到更好的地区去了；其他两位，阿尔法曾经为他们工作过；最后一位则是他的妹夫。

阿尔法问自己：什么是这5位朋友拥有的优势呢？他把自己的智力与他们作了一个比较，阿尔法觉得他们并不比自己更聪明；而他们所受的教育，他们的正直，个人习性等，也并不拥有任何优势。终于，阿尔法想到了另一个成功的因素，即主动性。阿尔法不得不承认，他的朋友们在这点上胜他一筹。

当时已快深夜3点钟了，但阿尔法的脑子却还十分清醒。他第一次发现了自己的弱点。他深深地挖掘自己，发现缺少主动性是因为在内心深处，他并不看重自己。

阿尔法坐着度过了残夜，回忆着过去的一切。从他记事起，阿尔法便缺乏自信心，他发现过去的自己总是在自寻烦恼，自己总对自己说不行，不行，不行！他总在表现自己的短处，几乎他所做的一切都表现出了这种自我贬值。

终于阿尔法明白了：如果自己都不信任自己的话，那么将没有人信任你！

于是，阿尔法作出了决定："我一直都是把自己当成一个二等公民，从今后，我再也不这样想了。"

第二天上午，阿尔法仍保持着那种自信心。他暗暗以这次与公司的面谈作为对自己自信心的第一次考验。在这次面谈以前，阿尔法希望自己有勇气提出比原来工资高750美元甚至1000美元的要求。但经过这次自我反省后，阿尔法认识到了他的自我价值，因而把这个目标提到了

3500美元。

结果，阿尔法达到了目的，他获得了成功。

心灵感悟

一个人缺少了自信，就容易对环境产生怀疑与戒备。即所谓"天下本无事，庸人自扰之"。而自信不是一个口号，它是一种积极热情的行动；只要心中充满自信，就没有办不到的事情。

勇敢者令人敬畏

　　如果不敢去跑，就不可能赢得竞赛；如果不敢去战斗，就不可能赢得胜利。

　　　　　　　　　　　　　　——瑞查德·德沃斯

　　波斯王薛西斯一世率领强大的军队从东边向希腊进军，他们沿着海岸行进，几天之后就会到达希腊。希腊由此而陷入险境之中。希腊人下定决心抵抗入侵者，保卫他们的民众和自由。

　　波斯军队只有一个途径可以从东边进入希腊，那就是经由一个山和海之间的狭窄通道——瑟摩皮雷隘口。

　　守卫这个隘口的是斯巴达人里欧尼达斯和他的几千名士兵。波斯军队比他们强大很多，但是他们依然充满信心。经过两天的攻击后，里欧尼达斯仍然坚守在隘口。但是那天晚上，一个希腊人出卖了他们：隘口并不是唯一的通路。有一条长而弯曲的猎人小径可以通到山脊上的一条小路。

　　叛徒的计划得逞了。守卫那条秘密小径的人受到袭击，并且被击败了。几个士兵及时逃出去报告里欧尼达斯。

　　面对如此严峻的形势，里欧尼达斯以大无畏的勇气制订了作战计划：他命令他大部分的军队，偷偷从山里回到需要他们保护的城市，只留下他的三百名斯巴达皇家卫兵保卫隘口。波斯人攻来了，斯巴达人坚守隘口，但是他们一个接一个倒下去了。当他们的矛断裂时，他们肩并肩站着，以他们的剑、匕首或拳头和敌人作战。

战斗持续了一整天，所有的斯巴达人都战死了，在他们原来站立的地方只有一堆尸体，而尸体上竖立着矛和剑。

薛西斯一世攻下了隘口，但是耽搁了数天。这数天让他付出了极为惨重的代价。希腊海军得以聚集起来，不久之后，他们便将薛西斯一世赶回了亚洲。

许多年后，希腊人在瑟摩皮雷隘口树起了一座纪念碑，碑上刻着这些斯巴达人勇敢保卫他们家园的纪念文：

"旅行者，先不要赶路，驻足追念斯巴达人，在此，如何奋战到最后。"

心灵感悟

面对生活的艰难困苦，逃避是无益的，只有挺起胸膛勇敢地去面对，才有可能战胜它。你要记住，胜利永远专属于勇敢者。

寻找钻石

机会无时不在，要随时撒下钓钩，鱼儿常在你最意料不到的地方游动。

——奥维德

印度流传着一位生活殷实的农夫阿利·哈费特的故事。

一天，一位老者拜访阿利·哈费特，老者说道："倘若您能得到拇指大的钻石，就能买下附近全部的土地；倘若能得到钻石矿，还能够让自己的儿子坐上王位。"

钻石的价值深深地印在了阿利·哈费特的心里。从此，他对什么都感到不满足了。

那天晚上，他彻夜未眠。第二天一早，他便叫起那位老者，请他指教在哪里能够找到钻石。老者想打消他那些念头，但无奈阿利·哈费特听不进去，执迷不悟，仍死皮赖脸地缠他。最后，他只好告诉他："您到很高很高的山里去寻找淌着白沙的河。倘若能够找到，白沙里一定埋着钻石。"

于是，阿利·哈费特变卖了自己所有的地产，让家人寄住在街坊家里，自己出去寻找钻石。但他走啊走，始终没有找到要找的宝藏。他终于失望，在西班牙尽头的大海边投海死了。可是，这故事并没有结束。
一天，买了阿利·哈费特房子的人，把骆驼牵进后院，想让骆驼喝
水。后院里有条小河。骆驼把鼻子凑到河里时，新房主发现沙中有块
发着奇光的东西。他立即去挖，挖出一块闪闪发光的石头，带回家，
放在炉架上。

过了些时候，那位老者又来拜访这家人，进门就发现炉架上那块闪
着光的石头，不由奔跑上前。

"这是钻石！"他惊奇地嚷道，"阿利·哈费特回来了！"

"不！阿利·哈费特还没有回来。这块石头是我在后院小河里发现
的。"新房主答道。

"不！您在骗我。"老者不相信，"我走进这房间，就知道这是钻石
啊。别看我有些唠唠叨叨，但我还是认得出这是块真正的钻石！"

于是，两人跑出房间，到那条小河边挖掘起来，接着便露出了比第
一块更光泽的石头，而且以后又从这块土地上挖掘出许多钻石。献给维
多利亚女王的那块有名的钻石也是出自那里，净重达100克拉。

心灵感悟

许多人不正是这样吗？总以为目标的实现必定需要付出沉重
的代价，却不知老天只会眷顾有心人。吃苦耐劳的精神固然可
嘉，但无谓的牺牲却是可悲。

笑迎挑战

热情常使最机灵的人变成疯子，同时也可使最愚蠢的人变得聪明起来。

——拉罗什夫科

威廉·怀拉是美国前职业棒球明星，40岁时因体力不济而告别体坛另找出路。他琢磨着，凭自己的知名度去保险公司应聘推销员不会有什么问题。可结果却出乎意料之外，人事部经理拒绝道："吃保险这碗饭必须笑容可掬，但您做不到，无法录用。"

面对冷遇，怀拉没有打退堂鼓，而是决心像当年初涉棒球领域那样从头开始。首先是学会"笑"。由于天天要在客厅里放开声音笑上几百次，邻居产生误解：失业对他刺激太大，他神经出了问题。为了不干扰邻居，他只好把自己关进厕所里练习。

过了一个月，怀拉跑去见经理，当场展开笑脸。然而得到的却是冷冰冰的回答："不行！笑得不够。"

怀拉没有悲观失望，他到处搜集笑容迷人的名人照片，然后贴在卧室的墙壁上，随时进行揣摩模仿。另外，还购置了一面大镜子，摆在厕所里，以便训练时更好地检查纠正自己。

一段时间之后，怀拉又来到人事经理办公室，露出了笑容。"有进步，但吸引力不大。"人事经理对他说。

怀拉生来就有一种犟脾气，回到家里继续苦练起来。一次，他在路上遇见一个熟人，非常自然地笑着打招呼。对方惊叹道："怀拉先生，一段时日不见，您的变化真大，和以前判若两人了！"听完熟人的评论，怀拉充满信心地再次去拜见经理，笑得很开心。

"您的笑是有点意思了，"经理指出，"然而还不是真正发自内心的那一种。"

怀拉不气馁，再接再厉，最后终于如愿以偿，被保险公司录用。这位昔日棒球明星严肃冷漠的脸庞上，绽放出发自内心的婴儿般的笑容。那笑容是那样天真无邪，那样讨人喜欢，令顾客无法抗拒。就是靠这张并非天生而是苦练出来的笑脸，怀拉成了全美推销寿险的高手，年收入突破百万美元。

威廉·怀拉感慨道："人是可以自我完善的，关键在于你有没有热情。"任何人都会有热情，所不同的是，有的人只有30分钟的热情，有的人热情可以保持30天，而一个成功者却能让热情持续30年乃至终生。

心灵感悟

热情激发出我们的潜能，让我们发挥出无穷的活力；热情让我们笑迎挫折，最终获得成功。

法拉第的勇敢

　　勇气是人类最重要的一种特质，倘若有了勇气，人类其他的特质自然也就具备了。

——丘吉尔

　　法拉第还是一名年轻的装订工人时，听说英国皇家学院公开张榜为大名鼎鼎的教授戴维选拔科研助手，法拉第激动不已，急忙到选拔委员会报了名。临近选拔考试的前一天，法拉第接到了一个通知，要取消他的考试资格，因为他只是一个普通工人。

　　异常气愤的法拉第跑到选拔委员会，想讨个说法。那些委员们傲慢地告诉他"除非戴维教授同意让你来。一个普通的装订工人还想到皇家学院来，真是异想天开！"

　　法拉第为难了，一个普通的工人要想拜见大名鼎鼎的皇家学院教授，谈何容易！但是，如果不能见到戴维教授，自己就根本没有机会参加选拔考试。怎么办呢？

　　虽然法拉第也担心戴维教授不理睬自己。但是，为了自己的人生梦想，他打破了重重顾虑，终于鼓足勇气来到了戴维教授家的大门口。在门前徘徊了许久，法拉第举起颤抖的手，胆怯地叩响了那扇紧闭的

211

大门。

　　并没有人来开门。法拉第停了一下，他在想："我是不是要敲第二次门呢？"他转过身，看到了东方正在升起的太阳，又重新鼓起了勇气。终了，法拉第又举起了手。

　　突然，门"吱呀"一声开了。一位鹤发童颜、精神矍铄的老者出现在法拉第的面前。他看了看法拉第，微笑地对他说："请您进来吧，其实门并没有闩。"

　　法拉第放下了举起的手，疑惑地问："教授家的大门整天不闩吗？"

　　老者爽朗地笑了："干嘛要闩上呢？当你把别人闩在门外的时候，也就把自己闩在了屋里。我才不要当这样的傻瓜呢。"

　　"你是……"法拉第愣愣地问道。

　　"我就是戴维呀！"老者微笑着说。

　　法拉第高兴得简直要跳起来，一时不知说什么才好。教授看着他激动的样子，又一次笑了："年轻人，来，到屋里吧。"

　　当戴维教授听了这个年轻的装订工人的诉说和要求后，一点也没有犹豫，写了一张纸条递给法拉第说："你带着这张纸条去，告诉那帮委员会的人说我戴维老头同意了。"

　　要求严格、竞争激烈的选拔考试终于结束了，一位普通的书籍装订工人出人意料地成了戴维教授的科研助手。靠着非凡的勇气，法拉第终于走进了高贵而华丽的英国皇家学院的大门。

心灵感悟

　　其实拥有勇气并非无所畏惧，而是克服或者忽略恐惧的一种能力；如果你能够战胜自己，也就拥有了战胜一切的勇气。

坚持成就事业

　　每一种挫折或不利的突变，是带着同样或较大的有利的种子。

——爱默生

　　苏桑尼·查金是一位电台广播员，在她30年的职业生涯中，曾遭辞退18次，可是每次事后她都放眼更高处，确立更远大的目标。

　　由于美国大陆的无线电台都认为女性不能吸引听众，没有一家肯雇用苏桑尼·查金，她就迁到波多黎各去，苦练西班牙语。有一次，一家通讯社拒绝派苏桑尼·查金到多米尼加共和国采访一次暴乱事件，她便自己凑够旅费飞到那里去，然后把自己的报道出售给电台。

　　1981年，苏桑尼·查金遭纽约一家电台辞退，说她跟不上时代，结果失业了一年多。有一天，苏桑尼·查金向一位国家广播公司电台职员推销她的清谈节目构想。

　　"我相信公司会有兴趣，"那人说。但此人不久就离开了国家广播公司。后来苏桑尼·查金碰到该电台的另一位职员，再度提出她的构想。此人也夸奖那是个好主意，但是不久此人也失去了踪影。最后她说服第三位职员雇用她，此人虽然答应了，但提出要她在政治台主持节目。

213

　　"我对政治所知不多，恐怕很难成功。"苏桑尼·查金对丈夫说。丈夫热情地鼓励她尝试一下。1982年夏天，苏桑尼·查金的节目终于开播了。她对广播早已驾轻就熟。于是她利用这个长处和平易近人的作风，大谈7月4日美国国庆对她自己的意义，又请听众打电话来畅谈他们的感受。

　　听众立刻对这个节目产生兴趣，苏桑尼·查金因此一举成名。如今，苏桑尼·查金已成为自办电视节目的主持人，曾经两度获奖，在美国、加拿大和英国每天都有800万观众收看这个节目。

　　"我遭人辞退了18次，本来大有可能被这些遭遇所吓退，做不成我想做的事情，"她说，"结果相反，它们鞭策我勇往直前。"

心灵感悟

　　人一生不知道要面对多少次的困难及挫折，它们是成长的必经的阶段，对于困难我们应该拿出勇气去坦然面对，因为困难是必须要解决，只有解决了才能有享受快乐的权利。所以没有面对困难的勇气，也就没有享受快乐的权利。

用坚韧达到目的

> 伟大的作品不是靠力量，而是靠坚持来完成的。
>
> ——约翰逊

詹姆斯·贝内特立志要办一家属于自己的报纸。可1825年在他经营《纽约信使报》时遭到了挫折，1830年他的《环球》又宣告破产，此后不久《宾夕法尼亚人》又没有成功。失败像是他的死对头，总是接二连三地不邀而至，而他却痴心不改。

1835年，在十四年的辛苦劳动和勤俭节约之后，他找到贺拉斯·格里利，希望能够和他合作创办一份新的日报《纽约先驱报》。贺拉斯·格里利拒绝了这个建议，但是给他推荐了两名年轻的印刷工。这两个人和贝内特组成了合伙关系。

1835年5月6日，《纽约先驱报》正式创办，当时它所有的资本仅能支付十天的花费。贝内特在华尔街租借了一间狭小的地下室，在里面摆了一把椅子，再在两个圆桶上面架一块厚木板，就成了一张简陋的办公桌。除了印刷之外，他们在这间斗室里做所有的工作，就此开始了这份在美国新闻史上有着巨大影响的日报的创办历程。

当时，这样一种报纸的形式在美国还不为人知，属于首开先河，因

215

为在此之前的报纸都是属于某个机构的。慢慢地，这些年轻人站稳了脚跟，开始一步一步地朝着理想迈进，他们的事业日益兴旺发达。他们的报纸以报道的迅速及时和内容的全面丰富及新颖独特而开始广为人知。与同类的竞争者相比，无论是新闻报道的广度和深度，还是新闻采集的速度和方式，他们都要更胜一筹。为了获得能够引起大众兴趣的、及时可靠的信息，他们往往是不遗余力，不惜花费巨资。

正如任何事业在开创之初总是困难重重、历经波折一样，《纽约先驱报》的起步之路也是坎坷崎岖，但是，随着矗立在纽约百老汇与安街交汇处的那幢当时最为壮观威严的新闻办公大楼的落成，《纽约先驱报》也宣告了它在报界不可撼动的地位。

心灵感悟

持续不断的努力，锲而不舍的韧劲，是一把走进成功大门的钥匙。世界上没有一种东西可以替代坚韧的意志和锲而不舍的精神。

坦然面对失败

不会从失败中找寻教训的人，他们的成功之路是遥远的。

——拿破仑

卡瑞尔是个聪明的工程师，他开创了空调制造行业，现在是世界著名的卡瑞尔公司的负责人。我们在纽约的工程师俱乐部共进午餐时，他亲口告诉我一个他自己的经历。

"年轻的时候，"卡瑞尔先生说，"我在纽约州水牛城的水牛钢铁公司做事。有一次我要去密苏里州水晶城的匹兹堡玻璃公司的下属工厂安装瓦斯清洗器。这是一种新型机器，我们经过一番精心调试，克服了许多意想不到的困难，机器总算可以运行了，但性能并没有达到我们预期的指标。"

"我对自己的失败深感惊诧，仿佛挨了当头一棒，竟然犯了肚子疼，好长时间没法睡觉。"

"最后，我觉得忧虑并不能解决问题，便琢磨出一个办法，结果非常有效，这个办法我一用就是30年。其实很简单，任何人都可以使用。其中有三个步骤：第一步，我坦然地分析我面对的最坏结局：如果失败的话，老板会损失两万美元，我很可能会丢掉差事，但没人会把我关起来或枪毙掉。这是肯定的。"

"第二步，我鼓励自己接受这个最坏的结果。我告诫自己，我的历史上会出现一个污点，但我还可能找到新的工作。至于我的老板，两万美元还付得起，权作交了实验费。"

"接受了最坏的结果以后，我反而轻松下来了，感受到许多天来不曾有过的平静。"

"第三步，我就开始把自己的时间和精力投入到改善最坏结果的努力中去。"

"我尽量想一些补救办法，减少损失的数目。经过几次试验，我发现如果再用五千元买些辅助设备，问题就可以解决。果然，这样做了以后，公司不但没损失那两万美元，反而赚了一万五千美元。"

"如果我当时一直担心下去的话，恐怕不可能做到这一点。忧虑的最大坏处就是会毁掉一个人的能力，忧虑使人思维混乱。我们强迫自己接受最坏的结局时，我们就能把自己放在一个可以集中精力解决问题的地位。"

"这件事发生在很久以前，它让我找到了清除忧虑的办法，我多年来一直使用它。结果，我的生活里几乎很难再有烦恼了。"

心灵感悟

　　既然事情已经发生了，与其把自己交给自暴自弃的生活，不如让生活屈服于你的统治。坦然面对一切，并不需要太多的技巧，一种豁达的态度总能令你心情舒畅。

坚持到最后

永远，永远，永远不要放弃。

——丘吉尔

法国陶瓷艺术家、质朴瓷器的发明者陶工贝莱德·柏里斯在研制陶瓷的过程中曾屡次陷入艰难的困境中，但他不甘轻易放弃内心祈求的理想，最终获得了成功。

16世纪早期，柏里斯出生在法国南部。他的父亲是个玻璃制造工人，家境相当贫困。柏里斯没能上学，但他从小受父亲熏陶，学会了玻璃装饰这门手艺，还学会了在玻璃上制图、绘画以及读书、写作。

柏里斯18岁出门谋生，找了一份玻璃行业的工作，业余时间兼职从事土地测量。后来他到了东查热特城的圣特镇，并在此结婚生子，定居下来。为了养家，他勤奋工作，但仍入不敷出。为了获得更多的收入，他想到了彩陶绘画技艺。他对制陶工艺一无所知，又不能舍下妻女去意大利拜师学艺，只能靠自学，从零开始，一点一滴地独自在黑暗中摸索，希望弄清陶瓷制作和上釉的全部过程。

他先从研究制作陶瓷所用的材料开始。他买来一些陶罐，捣碎弄成粉末，加上自己制作的化合物，放进烤炉里烧，结果实验失败了。

接下来就是一次又一次的实验，一次又一次的失败，大量的时间、人力、物力、财力，全都浪费在了这种徒劳的实验里。一连几年，柏里斯都在不停地实验，烧掉了大量的木材，浪费了更多的药剂、土罐，最后，家里穷得连下锅的米都没有了。

这时，他不得不去从事以前的行业，在玻璃上画画、测量土地，以维持生计。但他对制陶仍不死心。为了节省燃料，他把那些陶瓷碎片抱到附近一家砖窑里烧制，结果还是失败了。

面对一次次的失败，柏里斯没有被击倒，他决定重新开始。他把新买的陶器捣碎，加入新配制的原料，拿到附近一个玻璃熔炉里去烧。玻璃炉的高温熔化了一些原料，但柏里斯寻求的白瓷仍没烧成，他又一次失败了。

后来的两年当中，尽管他家里穷得连盐都吃不上了，但他仍以加倍的热情从事陶制品的烧制工作。他决心作一次更大的实验。他在多块陶瓷碎片上撒上自己配制的原料，送进烧制玻璃的熔炉。经过4个多小时的烧烤，300多块陶片当中，居然有一块上面的原料熔化了，冷却后像玉一样洁白发亮。见到这块洁白的陶瓷，柏里斯哭了。这次小小的成功，促使他继续从事更大的实验。

为了取得更大的成功，柏里斯用了8个月的时间，专门建了一个烧制玻璃的熔炉。他制成了许多陶制模子，经过初步烘烤后，涂上釉药化合物，放进了炉子里。他把家里所有的钱全都买成了木柴。点燃熔炉后，他整天整夜坐在熔炉旁边，往里加柴。第一天过去了，釉药没有熔化。第二天过去了，釉药还是没有熔化。第三天过去了，釉药还是老样子。柏里斯憔悴万分，面色苍白，走路晃来晃去，随时都有可能倒下，但他咬牙坚持着。第四天过去了，第五天、第六天也过去了，连续六个日日夜夜过去后，釉药丝毫没动！柏里斯几乎要绝望了。

柏里斯绝望之余，突然想起他研制的釉药可能有问题。于是他重新配制出新的原料，重新实验。可是他已经倾家荡产，哪来的钱买陶罐和木柴？尽管他的妻子和邻居们都骂他疯了，是个蠢猪，为那些无益的实

验枉费钱财，但最后每家还是为他凑了一点钱，加上柏里斯从一个朋友那里借来一些，使他重又买来许多陶罐和木柴，投入了实验。

熔炉点燃了，木柴熊熊燃烧，炉温急剧上升，但釉药毫无动静。所有的木柴都烧完了，釉药还没熔化。熔炉里的火即将熄灭，整个实验又将前功尽弃，这时柏里斯看到了花园的木栅。他奔向花园，把所有的木栅栏全部拔出，扔进炉子里，釉药还不熔化，他看见了家具和床板，还有木窗、木桶。可怜的柏里斯真是疯了，他把家里的凡是能烧的东西全都砸断，扔进了炉子里。他的妻子和儿女哭着跑到大街上，眼看着家里的一切顷刻间化为灰烬。

柏里斯把一个完整的家亲手毁了，能烧得全都烧了，连房屋门板都被他卸了下来，所幸的是，最后一道火力终于烧熔了釉药。炉火熄火，那些进炉前粗糙难看的普通陶罐从炉子里出来，冷却后，通体全都覆盖着一层均匀细密、洁白如玉的釉面！柏里斯成功了！巨大的喜悦让他手舞足蹈，一路喊叫着冲上了大街。柏里斯终于掌握了这渴盼已久的秘密。

心灵感悟

其实世界上并没有什么幸运的事，就是有，也是坚持的结果。为了最后的胜利，应以坚毅不拔之志，面对种种暂时的屈辱，执著追求，一直坚持到最后。

第七篇
诚实守信

诚信的潜力

遵守诺言应像保卫你的荣誉一样。

——巴尔扎克

国际知名的房地产商乔治在叙说他早期的经历时，讲过他开始从事房地产交易时发生过的一件事：有一栋房子由他经手出售，房主曾经告诉过他：这栋房子整个骨架都很好，只是房顶太老了，当年就得翻修。

乔治第一次领去看房的顾客是一对年轻夫妇。他们说准备买房的钱很有限，很怕超支，所以想找一处不需要怎么修理的房子。他们看了之后，一下子就喜欢上那所房子的位置，想要马上搬进去住。这时，乔治对他们讲，这栋房子需要花7000美元重修屋顶。

乔治知道，说出这栋房子屋顶的真相要冒风险，这笔生意有可能因此做不成。果然，他们一听修屋顶要花这么多钱就不肯买了。一个星期之后，乔治得知他们去找另外一家房地产交易所，花较少的钱买了一栋类似的房子。

乔治的老板听说这笔生意被别人抢走了，非常生气。他把乔治叫到办公室，问他是怎样丢掉这笔生意的。

老板对乔治的解释很不满意，也不高兴他为那一对夫妇的经济条件

操心。"他们并没有问你屋顶的情况！"他咆哮着说，"你没有责任讲出屋顶要修，主动讲这个情况是愚蠢的！你没有权利讲，结果搞坏了事！"于是，便把乔治解雇了。

假若乔治是个失败者的话，他当时会想："我把实话告诉了那对夫妇，真是做了傻事，我为什么要为别人操心呢？我再也不会像那样多嘴把佣金丢掉了。我可真笨！"

但是，乔治一直受到的教育是要说实话。他的父亲总是对他说："你同别人一握手，就算是签了合同，你的话就得算数。如果你想长期做生意，就得跟人家讲公道。"所以，乔治最关心的是他的信用，而不是钱。他当时虽然想要把那所房子卖掉，但是绝不能因此而损毁自己的声誉。即便丢掉了工作，他仍然坚信自己唯一的做事准则就是把所有真相统统讲出来。

乔治向他曾经帮过忙的一位亲戚借了些钱，搬到了加利福尼亚州，在那里开了一家小小的房地产交易所。过了几年，他以做生意公道和讲老实话出了名。这样做虽使他丢了不少生意，但是人们都知道了他靠得住。最后，他终于赢得了好名声，生意很兴隆，在全国各地设置了营业处。现在，乔治已成为全美第三大房地产公司的总裁。

心灵感悟

　　诚信已然成为时下人们稀缺的品质。因为人们总为眼前短期的利益所诱惑，而看不到长远的利益，以至于损失了真正有价值的东西。损失的人多了，这也就成为了一种稀有的物质。

只
贷
一
美
元

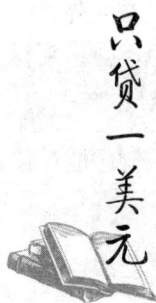

　　尽管我们靠别人的知识成了一个博学之才，但要成为一个
智者则要靠自己的智慧。

——蒙田

　　犹太富豪拉宾走进一家银行，来到贷款部前，大模大样地坐了下来。

　　"请问先生，您有什么事情需要我们效劳吗？"贷款部经理一边小心地询问，一边打量来人的穿着：名贵的西服、高档的皮鞋、昂贵的手表，还有镶宝石的领带夹子。

　　"我想借点钱。"

　　"完全可以，您想借多少呢？"

　　"1美元。"

　　"只借1美元？"贷款部的经理惊愕了。

　　"我只需要1美元。可以吗？"

　　"当然，只要有担保，借多少，我们都可以照办。"

　　"好吧。"犹太人从豪华的皮包里取出一大堆股票、国债、债券等放在桌上，"这些做担保可以吗？"

　　经理清点了一下，"先生，总共50万美元，做担保足够了，不过先

生，您真的只借 1 美元吗？"

"是的。"拉宾面无表情地说。

"好吧。到那边办手续吧，年息为6%，只要您付6%的利息，一年后归还，我们就把这些股票和担保的债券还给您……"

"谢谢……"犹太富豪办完手续，便准备离去。

一直在一边冷眼旁观的银行行长怎么也弄不明白，一个拥有50万美元的人，怎么会跑到银行来借1美元呢？

他从后面追了上去，有些窘迫地说："对不起，先生，可以问您一个问题吗？"

"你想问什么？"

"我是这家银行的行长，我实在弄不懂，你拥有50万美元的家当，为什么只借 1 美元呢？要是您想借40万美元的话，我们也会很乐意为您服务的……"

"好吗！既然你如此热情，我不妨把实情告诉你。我到这儿来，是想办一件事情，可是随身携带的这些票券很碍事，我问过几家金库，要租他们的保险箱，租金都很昂贵，我知道贵行的保安很好，所以嘛，就将这些东西以担保的形式寄存在贵行了，由你替我保管，我还有什么不放心呢？况且利息很便宜，存一年才不过6美分……"

心灵感悟

　　我们不得不佩服这个犹太人的想象力，他可以把一切为我所用。智慧的闪现总是在不经意的地方，聪明人总是能够运用智慧来为自己服务。当我们遇到任何事的时候，也要像犹太人那样动一下脑，想一下是否还有更好的方法。

推销的秘诀

　　修饰是对自己的一种爱护，对他人的一份尊重。最重要的是它可以提升美丽的内涵。

——尼尔

　　20年前，特里还是一位初出茅庐的推销员，他的工作就是向人推销各种窗户。他没有一点儿销售经验，"连向自己的祖母推销假牙都不会"，他的竞争对手则个个经验老到，巧舌如簧，"能说动爱斯基摩人买他们的雪"。

　　上班第一天，老板就交给特里一项重任，让他到富人区向一位对他们产品感兴趣的客户推销一种双层玻璃窗。

　　特里非常紧张。站在客户门前，他的手脚都在打颤。但他还是叩门了。一位上了年纪的妇女打开门，听他结结巴巴地做完自我介绍后，请他进屋。特里在她那儿待了3个小时。在喝掉几十杯茶、吃下成堆的饼干后，他终于让那位女士在合同上签了字：她买下了价值11000美元的窗户。

　　在这之前，那位女士已经打发走6位窗户推销员了，而且他们的开价都比特里的低。也就是说这位最没有经验的推销员成功地卖出了标价

最高的产品。原因其实很简单，那位女士说："我喜欢这个小伙子。"

在那3个小时里，特里凭着他的谦恭、礼貌、真诚和可爱赢得了女士的信任，并最终赢得这笔生意。他靠的不是夸夸其谈的口才，而是"人格"与"印象"。特里成功的秘诀是他给客户留下了良好的第一印象。

如果你向潜在客户推销产品或服务，一定要考虑你给他们留下的印象。假如你能吸引他们，就成功了一半。一定要使客户知道你关心的是他们的利益，而不是他们的钱包。

心灵感悟

　　人与人之间的接触，最先给予对方的印象是外表而不是内心。倘若给人的第一印象不好，又怎能获得他人的敬仰与接近的机会？

一诺千金

> 青年人应当不伤人，应当把个人所得的给予各人，应当避免虚伪与欺骗，应当显得恳挚悦人，这样学着去行正直。
>
> ——夸美纽斯

这是发生在第二次世界大战期间的一件真实的稀罕事：一架美军飞机从战火纷飞的太平洋战场，飞到了群星荟萃的美国好莱坞影城。从飞机上走下来的十几名日军战俘，在美军军官的引导下，尽情地饱览好莱坞风光，观看好莱坞的影片，并与那里的影星会面，享受着和平时期旅游者的乐趣。

美军为什么要这样做呢？原来是为了兑现战场上对日军战俘的一个承诺。

在此前不久，美军付出了很大的代价才攻占了太平洋上被日军占领的一个岛屿。在清扫战场时，发现还有十几个日军士兵藏在一个山洞里，美军即刻向山洞进剿。日军士兵固守在窄小的洞里，死不投降，不停地向洞外美军猛烈射击。

美军向山洞里喊话："日军士兵，负隅顽抗是绝无出路的，赶快缴枪吧！"

喊话得到的回答，是一阵更加猛烈的枪声。

"缴枪不杀，美军实施人道主义，保证优待俘虏。"

日军士兵从小就被灌输效忠天皇的武士道精神，即使剩下一兵一卒，也宁死不降。不管美军如何喊话，他们都顽强抵抗，死不改悔。

由于山洞很深，洞口窄小，炮轰轰不塌，枪打打不垮。如果硬是往里面冲，就要付出得不偿失的代价；如果长期围困，又会贻误战机。美军实在没想到，竟被十几个残兵败卒弄得焦头烂额，无可奈何。

这时有个美国士兵，就像开玩笑似的向山洞里的日军士兵喊道："你们只要放下武器，我们就带你们去好莱坞影城旅游！你们可以一睹那些风靡世界的大明星的风采！"

实际上，这个美军士兵的一番话，只不过是说出了自己的心愿而已。他和许多美军士兵一样，在艰苦的战争环境中常常思念着美好的和平生活，特别是回味着坐在豪华舒适的影院里，观看婀娜多姿的好莱坞影星精彩演技的情景，真是令人神往。

同他一起战斗的美国士兵都笑了起来，大家认为这是个地地道道的天大笑话。

出乎美军意料之外的是，这句话居然动摇了日军士兵的抵抗决心，枪声奇迹般地嘎然停止了。日军士兵放弃了宁死不降的武士道精神，一个接一个地全部爬出了洞口，乖乖地缴枪投降了。

日军士兵虽然对美国了解不多，但是通过影坛，却非常熟悉好莱坞和那里的影星，做梦都想到好莱坞去旅游。美军的这个承诺对他们来说，真是正中下怀，产生了抵挡不住的诱惑。

美军为了言而有信，果真带着日军俘虏游览了好莱坞影城。

心灵感悟

信守我们的诺言，并努力去实现它！因为我们的信守诺言，不仅仅只是去践履我们曾经说过的一句话，它也是我们的梦想、我们的动力，它将给我们带来力量，带来勇气，带来良好的人际关系，带来成功的喜悦。

君子交易

> 对人的热情，对人的信任，形象点说，是爱抚、温存的翅膀赖以飞翔的空气。
>
> ——苏霍姆林斯基

凯伦·布克往返办公室的路上会经过一块油漆简陋的指示牌。黄底上漆了粗大的红字，简单写着"桃子——任摘——一公里半"。有一天，和丈夫一起开车出去的时候，凯伦终于忍不住说："我们去找找看。"

一路驶去，不到半公里，又碰到另一块黄色的"桃子"指示牌，有个红箭头指向右边。

"没有一公里半嘛。"说完凯伦才注意到原来有一条小泥路与大路岔开。上了小路，又看见小些的指示牌，只有红箭头指示他们到田里去。

车子一路开去，他们看见篱笆上歇了一只红尾鹰。走近了，鹰掠过人们的头顶，发出尖锐刺耳的声音，飞走了。

"这只鸟一定是望风的。"凯伦打趣说。

他们来到田的另一边，这才发现另一个红箭头，指示他们顺着乡下人叫做"猪尾巴"的小径开到树林深处。小径上每过一个转弯或者前无去路时，总有另一个指示箭头。

在整整一公里半的地方，有条黄狗欢迎他们，好像一直在那里等着似的。他们在树荫下把车停好，旁边有辆小拖车，还有两条狗，几只猫，桃树一望无际。屋里似乎没人。

附近有张木头桌子，上面放了好些篮子和一张招贴，上面画了果园地图，还写着："各位朋友，欢迎光临，桃子五块钱一篮。钱请放在下面的狭槽里。摘多摘少不拘。"

"我们怎么知道打哪里下手呢？"丈夫问。

"唔，"凯伦高声说，眼望着狗，"你们这几个家伙要摘桃子吗？"狗叫起来了，跳来跳去，然后冲到前面领路。这里的例行手续显然就是这样了。

他们跟着狗到树林里去，树上长满熟了的桃子。凯伦奔到一棵树前面，他的丈夫到另一棵树旁边，两个人后面都跟着一条狗。

篮子装满了，两人往回走，新朋友领路。

他们把篮子放进冷却器。凯伦取出皮夹，一只从来没见过的大虎猫在放钱的狭槽一旁睡着了。"你说猫会点数目吗？"凯伦问。

"照今天我们看到的情形，"丈夫回答说，"猫恐怕还会找钱呢。"

他们拍拍那几条狗，跟它们道别。这时有辆汽车开来。"你们住在此地吗？"驾驶的人问。

"不，可是它们会指点你们怎么做。"说着，头向狗猫那边点点。

那人细读招贴上的指示，随即拎了一只篮子，跟着边叫边跑的狗去了果园。

他们开着车慢慢的离去，回头一望——好一个淳朴的乐园。

心灵感悟

信任犹如生活里的一盏明灯，照亮了我们的灵魂，让我们的生活充满光彩。信任是人与人之间赖以生存的最基本条件，没有了信任也就没有任何情感存在。

诚实为本

诚实和勤勉应该成为你永久的伴侣。

——富兰克林

中学乐队一直找不到合适的指导老师，最后经过校长的四处请托，终于通过关系找来了一位资历深厚、经验丰富的新老师。

这位新上任的乐队老师刚刚接下指导乐队的工作，马上发现这个中学的乐队成员存在着极大的问题，几乎每一个学生对自己所负责的乐器都不是十分的熟悉，更不用说如何能够演奏出和谐的音乐来。

尽管整个乐队的状况十分不理想，但这位乐队老师仍是很有信心，他相信自己能够将这群不可思议的中学生训练成为第一流的乐队。

只不过，屋漏偏逢连夜雨，不知道是这位乐队老师的时运不济，或是校长有意验收他的工作成果。就在他接掌乐队过后不久，从校长那边来了一个紧急通知，学校方面决定举办一个慈善晚会，需要乐队登台表演。

乐队老师接到通知后，心中七上八下、忐忑不安，他最清楚自己这支乐队的状况，学生们尚未练习纯熟，在预定演出的曲目当中，还有许多乐曲的小节都还不是演奏得很顺畅，以这样的功力硬要登台表演，着

实是令人为他们担心不已。

幸而这位乐队老师的经验丰富，他相信自己还是可能带领整个中学乐队做最完善的演出，除了一方需加紧训练之外，他在心中也已经想好应对的策略。

到了乐队要登台演奏的那一天，临上台之前，乐队老师胸有成竹地做最后的训话，他压低声音，沉稳地道："我知道你们都很用心地练习，同时也都对这次的演出没有把握。没关系，等上台之后，你们只要把自己熟练的部分发挥到最好的境界，因为我们是一个人的乐团，如果有人对自己负责演奏的那一部分没有把握，就索性不要演奏出来，只需要拿乐器摆个样子就行了，你们能理解我的意思吗？"学生们都用力地点了点头。

终于到了演奏会开始的时刻。只见乐队老师神气十足地站在乐队前面，潇洒地将指挥棒一挥，下达命令，要乐队开始演奏。不料，整个乐队鸦雀无声，舞台上一片寂静，每一个学生俱皆很投入地拿着乐器，做出全部精力投入演奏的样子。

心灵感悟

尽管我们从小就被教导要诚实做人，但实际的生活告诉我们，做人难免不带上假面具；真正的诚实仍然令人感到敬佩，因为至少勇气可嘉。

信任

你信任人，人才对你忠实；以伟人的风度待人，人才表现出伟人的风度。

——爱默生

一天，约翰从宾西法尼亚州的哈里斯堡前往本州80里外的莱韦斯堡。天色已晚，约翰急着赶路，不料有好几次约翰开的车被迫跟在缓缓行驶的大卡车后面，约翰紧握着方向盘，焦急不安。

车子总算驶在了空旷的高速公路上。当约翰即将通过一个十字路口时，红灯亮了，约翰急忙把车刹住。他四下看了看，路上没有一辆车，至少1里之内没有第二个人，而约翰却坐着，等着红灯变成绿灯。

约翰开始对自己为什么没有闯红灯而感到懊悔。约翰当时并不担心被拘留，因为那儿根本就没有警察，他的车开过去一点事也不会有。

当晚，约翰来到了莱韦斯堡。晚上12点钟上床睡觉时，这个问题又一次在约翰的脑子里出现。约翰想他之所以停住了车，不但因为这是大家彼此遵守的条约，而且也是大家彼此遵守的合约：大家都彼此信任，决不闯红灯。

人们一直彼此信任做正确的事，听来很让人惊奇，是不是？人们确实这样做了。信任是人们的首要愿望。人们不能无缘无故地不信任别

人，疑虑满腹或相互猜疑，这种态度不是人们天生应具有的。

彼此信任真可谓一桩好事，因为一个良好的社会结构取决于相互信任，而不是相互猜疑。人们现在拥有良好的社会秩序，都会因为人们在大部分时间里彼此不信任而变得混乱不堪。在意大利，向政府纳税真是件可怕的事，有许多人只是牢骚满腹而不得不交所得税，因为国家税务局使用了人们应该支付的税款。

人们言而有信，说来就来，说交付就交付，说付款就付款。在这些事情上，人们都相互信任对方所言。如果人们言而无信，就是违背了常规。人们做事也常有不认真或不可靠的时候，这些都被视为背信弃义的行为。假如某个人或某个组织辜负了人们的信任之心，就会遭到唾弃，失去信誉。

约翰讨厌看什么某某银行为了自己的利益而伪造账簿的事。因为约翰信任银行，所以约翰不会每天都走进银行，让职员把约翰的钱拿出来，给约翰看看钱是不是还在银行里。买一罐咖啡或一瓶牛奶也是同样的道理，人们不会把它们买回家里后，再称称看是不是够分量。生活中没有时间去猜疑你所遇到的每一个人或与你做生意的每一家公司。

仔细观察人们周围的人和事，并且把人们对他人的信任程度与他们在生活中的成功大小相比较，真是件趣事。从长远的意义上说，老实人，涉世不深的人，那些认为别人都像自己一样诚实的人，比疑心重重的人的生活更加美满、更加充实。即使他们偶尔受了骗，也同样比那些谁也不信的人幸福。

约翰为自己在红灯路口停车而感到骄傲。为了让大家都知道从哈里斯堡到莱韦斯堡的路上约翰的表现多么出色，约翰非得一吐为快不可。

心灵感悟

信任他人让你幸福是因为你可以预计行为的后果，这会使人们感到安全，安全是人类的基本欲求，也是社会秩序的基础。而信任又是一切人际关系、交流的前提，所以诚信原则也成了民法的基本原则。

美德是至高无上的

人的美德的荣誉比他的财富的荣誉不知大多少倍。

——达·芬奇

克里米亚战争结束后，斯德拉特福子爵为庆祝英军战胜俄军而举办了一个晚宴。在这个晚宴上，大家做了一个游戏：军官们被要求在各自的纸片上秘密地写下一个人的名字，这个人不仅要与那场战争有关，而且还必须是被认为在战争中最有可能流芳百世的人。

结果，每一张纸片上都写着同一个名字："弗洛伦斯·南丁格尔。"这个人并不是赫赫有名的将军，而是一位默默无闻的护士。到底是什么原因使她成为那场战争中拥有最高名声的妇女，获得众口一词的赞颂和拥戴的呢？不是卓越的战绩，也不是高贵的家世，而是她本身所具有的一流品格。

南丁格尔被誉为"光明的使者"，下面是一段关于她的报告材料：

在几个小时内，只有她自己和她的护士小分队来到了这里，而成百上千的伤员从巴拉克战役中被运了回来，不一会儿又有更多的伤员从印克曼战场中被运了回来。什么事情也没有准备好，一切都需要从头安排，而南丁格尔的任务就是要在这个痛苦嘈杂的环境中把事情弄得井井

有条。在她负责的第一个星期，有时她要连续站上20多个小时来分派任务。而当各种事务都在有序地进行着时，她自己就又会去处理其他最危险、最严重的事情。

一位和她一起工作过的外科医生说："南丁格尔的感觉系统非常敏锐。我曾经和她一起做过很多非常严重的手术，她可以在做事过程中做到非常准确。那些对任何人来说都是非常恶心的特殊任务，特别是当与一个即将死亡的人打交道时，我们常常可以看见她穿着薄薄的制服出现在那个伤员的身边，俯下身子凝视着他，用尽她全部的力量、使用各种方法来减轻他的疼痛。南丁格尔几乎从不离开伤员的身边，直到死亡夺走那个人的生命为止。"

有一个士兵则这样说："她和一个又一个的伤员说话，向更多的伤员点头微笑。但我们每个人都可以看着她落在地面那亲切的影子，然后满意地将自己的脑袋放回到枕头上安睡。"

另一个士兵说："在她到来之前，那里总是乱糟糟的。但当她来过之后，那儿圣洁得就如同一座教堂。"

南丁格尔的伟大品格，产生了一种无法估量的巨大力量，她不仅鼓舞了士气，使英军最终赢得了一场战争，而且为自己赢得了"人气"，成为人们敬佩并永远怀念的人。

心灵感悟

什么是美德呢？如果说，人是一本书，那么人的外表就是封面，人的内心就是内容，而美德就是能使内容精彩无比的宝贝，缺乏美德，那么内容将不堪入目。

狡 猾 是 一 种 冒 险

狡猾并非是智慧，恰如调侃不等于幽默；狡猾往往是冒险，是通过冒险达到目的之心计。

——斯巴达克

斯特曾在印度生活过，他回来对朋友说了这样一件事：

从前，在印度，有些穷苦的人为了挣点钱，不得不冒险去猎蟒。

那是一种巨大的蟒，一种以潮湿的岩洞为穴居的蟒，背部有黄色的斑纹，腹部呈白色，喜吞尸体，尤喜吞人的尸体。于是它被某些部族的印度人视为神明，认定它们是被更高级的神明派遣来的承担着消化掉尸体的使命的特使。因此，人死后，往往抬到有蟒占据的岩洞口去，祈祷尽快被蟒吞掉。为使蟒吞起来更容易，要在尸体上涂满油膏。油膏散发出特别的香味儿，蟒一闻到，就爬出洞了……

为生活所迫的穷苦人，企图猎到这种巨大的蟒，就佯装成一具尸体，朝自己身上涂遍油膏，潜往蟒的洞穴，直挺挺地躺在洞口。

蟒就在洞中从人的双脚开始吞，人渐渐被吞入，蟒躯也就渐渐从洞中伸出来。如果不懂得这一点，把头朝向洞口，那么顷刻便没命了，猎蟒的企图也就成了痴心妄想了……

通常它吞一个涂了油膏的大人，需要20分钟。

猎蟒者在它将自己吞了一半的时候，也就是吞到腰际时，猝不及防地坐起来，以瞬间的速度，一手掀起蟒的上腭，另一手将刀用全力横向一削，于是蟒的半个头，连同双眼，就会被削下来。自家的生死，完全取决于那一瞬间的速度和力度。蟒突然间受到剧烈疼痛的强刺激，便会将已经吞下去的半截人体一下子吐出来。人就地一滚躲开，蟒失去了上腭连同双眼，想咬，咬不成；想缠，看不见，愤怒到极点，用身躯盲目地抽打岩石，最终力竭而亡。

但是如果速度达到而力度稍欠，未能将蟒的上半个头削下，蟒眼仍能看到，那么它就会带着受骗上当的极大愤怒，蹿过去将人缠住，直到将人缠死，与人同归于尽……

有一个13岁的孩子。他和他的父亲相依为命。父亲患了重病，奄奄一息，无钱医治。只要有钱医治，医生保证病是完全可以治好的，钱也不多。于是那少年萌生了猎蟒的念头。他明白，只要能猎得一条蟒，卖了蟒皮，父亲就不至于眼睁睁地死去了……

某天夜里，他就真的用行动去实现他的念头了。他在有蟒出没的山下脱光衣服，往自己身上涂遍了带香味的油膏。他涂得非常仔细，连一个脚趾都没忽略掉。一个少年如果一心要干成一件非干成不可的大事，那认真的态度往往超过了大人。

那少年手握一柄锋利的尖刀，趁夜黑仰卧在蟒的洞穴口。天亮之时，蟒发现了他，就从他并拢的双脚开始吞他。他屏住呼吸。不管蟒吞得快还是吞得慢，猎蟒者都必须屏住呼吸。蟒那时是极其敏感的，只要人稍微明显地呼吸，蟒都会察觉到。

不幸就发生在那少年的身体快被吞进了一半之际——有一只小蚂蚁钻入了少年的鼻孔。少年终于打了个喷嚏，结果可想而知……

心灵感悟

狡猾是一种无形的武器。因其无形，所以拥有这一武器的人，总是会为了达到这样那样的目的，一而再、再而三地使用之，直到使周围的人受到严重的伤害，同时自己也付出惨重的代价。

诺言

遵守诺言应像保卫你的荣誉一样。

——巴尔扎克

1944年，圣诞节前几天，美国101空降师在比利时巴斯托涅周围的环形地带仓促布防。他们已被突进的德军包围，好像瓮中之鳖。

约翰所指挥的空降营兵力约有600人，奉命进驻一个名叫安姆尔的荒凉小村，那里共有居民约100人。刚下过6英寸厚的大雪，士兵穿着淡绿色空降制服伏在银白一片的战地上，等于是靶子。

约翰立即召集参谋人员举行会议。有人建议使用床单作伪装。可是一时怎能收集到那么多的床单呢？

村长加斯巴，70多岁，圆胖红润的脸上蓄了两撇大胡子。他这一辈子里，看到这个小村在1914年和1940年两次被德军侵占，此刻主动提出帮助他们。

他取下钟楼的绳索，开始敲钟。半小时内，教堂的走廊上堆积了200条白床单。约翰告诉村民："用完后很快会归还。"随即把床单分给士兵。

几分钟后，约翰觉悟到自己许下的诺言是何等的愚蠢。看，有的人

把床单撕成方块，盖在钢盔上；有的人把床单撕成窄条，扎在机枪枪管上；有的人在床单上开个洞，套在头上，做头篷。他们的准备可真算及时，因为在翌日凌晨4点钟，敌人就发动了破釜沉舟的攻势，激战了半天，他们活捉了50名俘虏。德军伤亡甚众，他们则损失轻微。

几天后，他们奉命调驻一个新防地，接着又转调别处。一路上有些床单散失了，有些破损，被抛弃了。不到半年，大战结束，约翰解甲还乡。

约翰从来没有想到，还会听到安姆尔这个地名。1947年秋，约翰在波士顿的报纸上读到一位记者访问第二次世界大战战地的报道。这位记者也到过安姆尔。当地居民说，他们复元的情况良好。报道又说有个人笑着说："如果借我们的床单的那个美国人能归还床单多好啊！他答应用后就还的。"

约翰写信到报馆去，承认自己就是记者所报道的那个言而无信的罪人。这封信在报上发表了。随后发生的一连串事件，只有美国人的那种傻劲才会干出来。邮寄包裹开始涌来。其中一个寄自缅因州，里面有一条床单和一张纸条，上面写着如果约翰要遵守诺言，这件东西或许有帮助。其他报纸也转载了这个消息，约翰又收到更多的床单和许多支票。

两个月后，就在1948年2月，约翰履行了诺言，回到安姆尔。正好那一天也是大雪纷飞。加斯巴先生站在他屋前圆石砌的台阶上，把敲钟的绳索递给他，约翰使劲敲钟，村民像1944年那样朝教堂走过来。在那里，约翰终于偿还了安姆尔村民的床单。

心灵感悟

承诺既是一种无形的力量，也是一种无形的财富；我们应该像保卫自己的尊严一样遵守我们的诺言，这样方可实现独立、自尊和称赞。

您只是顾客

自尊自爱，作为一种力求完善的动力，却是一切伟大事业的渊源。

——屠格涅夫

电影明星洛依德将车开到检修站，一个女工接待他。她熟练灵巧的双手和俊美的容貌一下子吸引了他。

整个巴黎全知道他，但这位姑娘却丝毫不表示惊异和兴奋。

"您喜欢看电影吗？"他禁不住问道。

"当然喜欢，我是个影迷。"

她手脚麻利，很快修好了车："您可以开走了，先生。"

他却依依不舍："小姐，您可以陪我去兜兜风吗？"

"不！我还有工作。"

"这同样也是您的工作，您修的车，最好亲自检查一下。"

"好吧，是您开还是我开？"

"当然我开，是我邀请您的嘛。"

车行驶得很好。姑娘问道："看来没有什么问题，请让我下车好吗？"

"怎么，您不想再陪一陪我了？我再问您一遍，您喜欢看电影吗？"

"我回答过了，喜欢，而且是个影迷。"

"您不认识我？"

"怎么不认识，您一来我就认出您是当代影帝阿列克斯·洛依德。"

"既然如此，您为何这样冷淡？"

"不！您错了，我没有冷淡。只是没有像别的女孩子那样狂热。您有您的成就，我有我的工作。您来修车是我的顾客，如果您不再是明星了，再来修车，我也会一样地接待您。人与人之间不应该是这样吗？"

他沉默了。在这个普通女工面前他感到自己的浅薄与虚妄。

"小姐，谢谢！您使我想到应该认真反省一下自己的价值。好，现在让我送您回去。"

心灵感悟

不要跪着仰视别人，要活出自我，千万不要看轻自己，因为别人并不比你高贵。不必仰慕他人头上的光环，应该去追求自己的生活和价值。

奖赏诚实

人若能摒弃虚伪，则会获得极大的心灵平静。

——马克·吐温

46岁的保琳·尼科，曾是一个批发仓库的保管员；他的丈夫、44岁的汤姆，过去是一个百货批发商。后来，他们失业了，他们俩与儿子约森艰难度日。因为交不起钱，他们随时都可能失去他们的汽车。

这年冬天的一天，保琳在洛杉矶郊外布纳公园的林荫道上捡到一只票夹子，夹子里装有一张信用卡，一张去新英格兰的飞机票，还有现金2394美元。

"当时我想把其中的钱拿走，"保琳后来回忆道，"但这仅仅是一闪念。"与此相反，她把票夹子里面的所有东西一并交给了附近的一个警察局，最后，票夹子的主人失而复得。保琳的诚实品质很快就被披露出来，一个慈善组织对她进行了表彰和奖励。

保琳得到了多于她工作报酬10倍的收入，她还得到一间住宅公寓为期6个月的免费居住权。一个不知名的捐款者到今天还定期为他们支付汽车费用。另有一些人馈赠她现金。一对年事已高的夫妇还到保琳交票夹子的警察局，询问票夹子里曾有多少钱。当他们被告知确切数额后，

那位先生说："这也就是他们应该得到的数目。"说完签了一张2400美元的支票。

在一个新闻发布会上，泪流满面的保琳说："这件事对我们来说简直不可思议，我们所得到的馈赠大大超过了票夹子里的东西。"

心灵感悟

在一些人看来，诚实是最没有用处的；而在另一些人的身上，诚实却是他们获得尊敬与回报的基础。谁对生活报以欺骗的态度，生活就会以同样的态度来回应他。

美好的声誉

　　对工作认真负责的态度是让人敬重、信服的标志之一，它如同美德一样。

——莱曼

　　一天下午，盖瑟和儿子本吉一起在院子里工作，这正是大学的暑假期间，是他儿子前途未卜的时期。他真想向他说些什么。

　　休息时，本吉环视着他那15英亩的土地，有溪流、树林，还有如碧波起伏一样的青草地。"这地方真美。"他说，显出沉思和迷恋。

　　于是他就将这片土地的来历告诉了本吉。

　　他们的第一个孩子苏珊娜出生不久，格洛丽亚和他在他长大的那个镇上教书。他们很需要一块土地来建造房子。他注意到在镇南面农民放牧牛群的那片土地，那是92岁的退休银行家尤尔先生的土地。他有许多土地，但一块也不卖。他总是说："我已对农夫们许诺，让他们在这片土地上放牧牛群。"

　　尽管如此，格洛丽亚和他还是到银行拜访了他。他依旧在银行里消磨他退休的岁月。他们走过一扇森严可畏的桃花芯木制的门，进入一间光线暗淡的办公室。尤尔先生坐在一张办公桌后面，看着《华尔街日

报》。他几乎没有挪动一下，只从他那副眼镜上方看着我们。"不卖，"当他告诉他我们对这块土地感兴趣时他自豪地说，"我已经将这块土地许诺给一个农民放牧了。"

"我知道，"他有点紧张不安地回答，"但是我们在这里教书，也许你会卖给打算在这里定居的人。"

他撅起嘴，瞪着眼看着我们，"你说你叫什么名字？"

"盖瑟。比尔·盖瑟"。

"嗯！和格罗弗·盖瑟有什么亲戚关系吗？"

"是的，先生，他是我的爷爷。"

尤尔先生放下报纸，摘下眼镜，然后他指着两把椅子。于是我们就坐下来。

"格罗弗·盖瑟是我农场里曾经有过的最好的工人。"他说，"他到得早，走得晚，他把所有要干的事都干了，用不着吩咐。"老人探身向前。"如果有拖拉机要修理，让它搁着，他会觉得不好受。"尤尔先生眯缝着眼，眼神中流露出遥远的记忆。

"你说你要什么，盖瑟？"

盖瑟又将买地的意思对他说了一遍。

"让我想一想，你们过两天再来。"

一周后他又到他的办公室。尤尔先生说，他已经考虑了。盖瑟屏住气息。"3800美元怎么样？"他问。

"以每亩3800美元计，要付出约6万美元。"这不明摆着是拒绝吗？

"3800美元？一共3800美元。"他喉咙里仿佛哽塞着什么。

"不错，15英亩卖3800美元。"他无限感激地接受了。

将近30年后，他和本吉漫步在这片美丽的土地上。"本吉，"他说，"这全都因为一个你从未见到过的人的美好的声誉。"

盖瑟说，在他爷爷的丧礼中，许多人对他说，爷爷宽容、慈祥、诚实和正直。这使他记起了一首诗："我们要选择的，是美好的声誉，而不是财富；是爱的恩泽，而不是金银宝贝。"美好的声誉就是爷爷盖瑟留给他们的遗产，他希望本吉将来在这片温柔的土地上散步时，也将这个故事告诉他的儿子。

心灵感悟

不管什么时候，都不要对工作敷衍，既然已接受了它，就要努力把它做好，一个人人格的高下往往是从这一点体现的，人们也往往从这一点对个人进行判断。

第八篇

忠诚坚定

扬长与避短

造物主创造了一个公平的世界，你可以运用你的长处来克服一切不利的情况。

——布伦丹

有的时候，人的劣势未必就是劣势，可能反而成了优势。

有一个10岁的美国小男孩里维，在一次车祸中失去了左臂，但是他很想学柔道。

最终，里维拜一位日本柔道大师做了师傅，开始学习柔道。他学得不错，可是练了3个月，师傅只教了他一招，里维有点弄不懂了。

他终于忍不住问师傅："我是不是应该再学学其他的招术？"

师傅回答说："不错，你的确只会一招，但你只需要会这一招就够了。"

里维并不是很明白，但他很相信师傅，于是就继续照着练了下去。

几个月后，师傅第一次带里维去参加比赛。里维自己都没有想到居然轻轻松松地赢了前两轮。第三轮稍稍有点艰难，但对手还是很快就变得有些急躁，连连进攻，里维敏捷地施展出自己的那一招，又赢了。

就这样，里维迷迷糊糊地进入了决赛。

决赛的对手比里维高大、强壮许多，也似乎更有经验。有一度里维显然有点招架不住，裁判担心里维会受伤，就叫了暂停，还打算就此终止比赛，然而师傅不答应，坚持说："继续下去！"

比赛重新开始后，对手放松了戒备，里维立刻使出他的那招，制伏了对手，由此赢了比赛，得了冠军。

回家的路上，里维和师傅一起回顾每场比赛的每一个细节，里维鼓起勇气道出了心里的疑问："师傅，我怎么就凭一招就赢得了冠军？"

师傅答道："有两个原因：第一，你几乎完全掌握了柔道中最难的一招；第二，就我所知，对付这一招唯一的办法是对手抓住你的左臂。"

所以，里维最大的劣势变成了他最大的优势。

心灵感悟

只要懂得扬长避短就无劣势可言。再聪明些的话，也可以把劣势变成特点或优势。如果我们只关注自己的短处，不努力改变这种不利情况，那么留给我们的只有"失败"这两个字。如果我们善于以自己的短处为基础，努力修缮，就可以扬长避短。

格言的力量

要意志坚强，要勤勉，要探索，要发现，并且永远不屈服。

——赫胥黎

曼克斯·卡勒兰德是佐治亚州一个汽车推销商的儿子，是一个典型的美国孩子。他活泼、健康，热衷于篮球、网球、垒球、游泳，是中学里一个众所周知的杰出学生。后来曼克斯应征入伍。在一次军事行动中他所在部队被派遣驻守一个山头。激战中，突然一颗手榴弹飞入他们的阵地，眼看即将爆炸，他果断地扑向手榴弹，试图将它扔到远处。可是手榴弹爆炸了，他被重重地炸倒在地上，当他向后看时，发现自己的右腿右手全部炸掉了，左腿炸得血肉模糊，也必须截掉了。他痛苦得想哭，却哭不出来，因为弹片穿过了他的喉咙。人们都以为曼克斯再也不能生还，但他却奇迹般地活了下来。

是什么力量支撑着他？是格言的力量。在生命垂危的时候，他反复朗读贤人先哲的这句格言："如果你懂得苦难磨炼出坚忍，坚忍孕育出骨气，骨气萌发不懈的希望，那么苦难会最终给你带来幸福。"曼克斯一次又一次背诵着这段话，心中始终保持着不灭的希望。然而，对于一个三截肢（双腿、右臂）的年轻人来说，这个打击实在是太大了！在深

深的绝望中，他回忆起又一句先哲格言："当你被命运击倒在最底层之后，再能高高跃起就是成功。"

回国后，他从事政治活动。他先在佐治亚州议会中工作了两届。然后，他竞选副州长失败了。这是一次沉重的打击。但他用这样一句格言鼓励自己："经验不等于经历，经验是一个人经过经历所获得的感受。"这指导他更自觉地生活下去。紧接着，他学会了驾驶一辆特制的汽车并跑遍全国，引领了一场支持复员退伍军人的活动。1977年，卡特总统任命他担任全国复员军人委员会负责人，那时他34岁，是这个机构中担任此职务最年轻的一个人。卡特下台后，曼克斯回到家乡佐治亚州。1982年，他被选为州议会部长，1986年再次当任。

今天，曼克斯已成为亚特兰大城一位传奇式的人物。人们可以经常在篮球场上看到他摇着轮椅打篮球。他经常邀请年轻人与他做投篮比赛。他曾经用左手（只有左手）一连投进了18个空心篮（不碰篮板和篮圈的进球）。人生不会给无腿独臂的人丝毫同情和厚爱。他引用一句格言说："然而你必须知道，人们是以你自己看待自己的方式来看待你的。你对自己自怜，人家则会报以怜悯；你充满自信，人们会待以敬畏；你自暴自弃，多数人就会嗤之以鼻。"一个四肢只剩一条手臂的人能成为一名政府部长，能被总统赏识担任一个全国机构的要职，是这句格言给了他力量。同时，他的成功也成了这句格言的有力佐证。

心灵感悟

人们总会借助格言的力量以坚定自己的信念和获取前进的动力。名言警句之所以不朽，不仅因为它们是先贤们的智慧结晶，更因为它们历经世人实践的证明。

成为自己的主人

只有满怀自信的人，才能在任何地方都怀有自信，并认识
自己的意志。

——高尔基

怀特上高中的时候，有一次有钱人家的儿子迈克和他被叫到一群学
生的前面，这些学生主要由班里的优秀学生组成。指导老师对他们说：
"你们两个将一事无成。"当指导老师继续说着时，他们听到一些好学
生在窃笑。

"从现在起，我不会再在你们两个身上浪费时间了，我只会把时间
花在这些好学生身上。你们两个是班里成绩最差的小丑，你们将一事无
成。现在请你们出去。"

这位老师给了迈克和怀特最大的恩惠，虽然她的话在很多方面深深
地伤害了他们，但是她的话也激励他们更加努力地拼搏。她的话促使他
们完成了大学学业并建立了他们自己的企业。

几年前，迈克和怀特回到学校参加他们的高中聚会，这是一件很有
趣的事情。他们俩很高兴见到那些共同度过三年时光的同学，在那三年
里，没有人真正了解他们。

同时，看到那些当年的优等生们，大多数在高中毕业后的多年里没有获得成功，他们感到很遗憾。

迈克和怀特不是学习成绩优异的孩子。他们既不是金融天才，也不是体育明星，更不是班里的学生干部，而是中下等学生，怀特甚至认为，他们不像自己的父亲那样有天赋。

然而，正是他们的指导老师那尖刻的话语和同班同学的窃笑刺激他们刻苦学习，从他们的错误中学习，并且在好时期和坏时期都保持前进。

当你在学校里表现得不好、不受欢迎、数学不好、富有或穷困等，都会使你显得不如别人时，这时请记住：

没有一个缺点会在长期中起作用，这些所谓的缺点，只是在你认为它们起作用的时候才会发生作用。

心灵感悟

相信自己已经拥有了实现目标的每一件东西。能够发挥上帝给予你的天赋的东西就是你的欲望、坚定的信念和独一无二的天赋。

行行出状元

> 正确的角色定位需要理智，及时的角色转换需要智慧。
>
> ——拉罗什夫科

作家卡尔遇到了一位著名的化妆师。她是真正懂得化妆、且又以化妆闻名的。

对于生活在与自己完全不同领域的人，卡尔增添了几分好奇，因为在他印象里，化妆再有学问，也只是在皮相上用功，实在不是有智能的人所应追求的。

因此，他忍不住问化妆师："你研究化妆这么多年，到底什么样的人才算会化妆？化妆的最高境界到底是什么？"

对于这样的问题，这位年华已逐渐老去的化妆师露出一个深深的微笑。她说："化妆的最高境界可以用两个字形容，就是'自然'，最高明的化妆术，是经过非常考究的化妆，让人家看起来好像没有化过妆一样，并且化出来的妆与主人的身份匹配，能自然地表现那个人的个性与气质；次一点的化妆是把人突显出来，让她醒目，引起众人的注意；拙劣的化妆是一站出来别人就发现她化了很浓的，而这层妆是为了掩盖自己的缺点或者年龄的；最坏的一种化妆，是化过妆以后扭曲了自己的个

性，又失去了五官的协调，例如小眼睛的人竟化了浓眉，大脸蛋的人竟化了白脸，阔嘴的人竟化了红唇……"

化妆师见卡尔听得出神，继续说："这不就像你们写文章一样？拙劣的文章常常是词句的堆砌，扭曲了作者的个性；好一点的文章是光芒四射，吸引了人的视线，但别人知道你是在写文章；最好的文章，是作家自然的流露，他不堆砌，读的时候不觉得是在读文章，而是在读一个生命。"

"这是非常高明的见解！——可是，说到底化妆师只是在表皮上做功夫！"卡尔感叹地说。

"不对的，"化妆师说，"化妆只是最末的一个枝节，它能改变的事实很少；深一层的化妆是改变体质，让一个人改变生活方式；睡眠充足、注意运动与营养，这样她的皮肤改善、精神充足，比化妆有效得多；再深一层的化妆是改变气质，多读书、多欣赏艺术、多思考、对生活乐观、对生命有信心、心地善良、关怀别人、自爱而尊严，这样的人就是不化妆也丑不到哪里去，脸上的化妆只是化妆最后的一件小事。我用三句简单的话来说明：三流的化妆是脸上的化妆；二流的化妆是精神的化妆；一流的化妆是生命的化妆。"

卡尔不住地点头。化妆师接着做了这样的结论："你们写文章的人不也是化妆师吗？三流的文章是文字的化妆；二流的文章是精神的化妆；一流的文章是生命的化妆。这样，你懂化妆了吗？"

卡尔深为自己最初对化妆师的观点感到惭愧。

心灵感悟

　　每种职业都有自己的一副面孔，也许它所呈现出来的样子，与我们心里所想的不一样，但是其内涵却是相辅相成的。

画画的境界

　　创造和疯狂往往是孪生的，所以创造者必须愉快地接受疯狂所带来的痛苦。

——潘喀特

　　17世纪西班牙著名的画家穆律罗经常发现他学生的油画布上总有未完成的素描，画面相当协调，笔触极富天才。然而这些草图通常都在深夜留下，一时无法判定作者为谁。

　　一天早晨，穆律罗的学生陆续来到画室，聚集在一个画架前，不由得发出惊讶的赞美声。油画布上呈现着一幅尚未完成的圣母玛利亚的头部画像，优美的线条，清晰的轮廓，许多笔调无与伦比。穆律罗看后同样震惊不已。他挨个询问学生，探查究竟谁是作者。可学生都遗憾地摇头，穆律罗感慨地赞叹道："这位留画者总有一天会成为我们所有人的大师。"他回头问站在身旁颤抖不停的年轻奴仆："塞伯斯蒂，晚上谁住这儿？"

　　"先生，除我之外……别无他人。"

　　"那好，今晚要特别留神。假如这位神秘的造访者大驾光临而你又不告诉我，明天你将受罚30鞭。"

塞伯斯蒂默默屈膝，恭顺而退。

那天晚上，塞伯斯蒂在画架前铺好床铺，酣然入睡。次日凌晨钟鸣三响，他倏然从床铺上蹦起来，自言自语地说："三个小时是我的，其余是我导师的！"他抓起画笔在画架前就坐，准备涂掉前夜的作品。塞伯斯蒂提笔在手，眼看画笔即将落在画上时却凝然不动了。他呼喊道："不！我不能，绝不涂掉！让我画完吧！"

一会儿，他进入了画画的境界：时而点缀色彩，时而添上一笔，然后再配上柔和的色调。三个小时不知不觉悄然而逝。一声轻微的响声惊动了塞伯斯蒂。他抬头一看，穆律罗和学生们静悄悄地站在周围！晨曦从窗户中透进来，而蜡烛仍在燃烧。

天亮了，塞伯斯蒂依然是个奴仆。所有的人目光都投向塞伯斯蒂，流露出热切的神情。他双眼低垂，悲切地低下头。

"谁是你的导师，塞伯斯蒂？"

"是您，先生。"

"我是问你的绘画导师？"

"是您，先生。"

"可我从未教过你。"

"是的。但您教过这些学生，我聆听过。"

"噢，我明白了。你的作品相当出色。"

穆律罗转身问学生们："他该受惩罚还是应得奖励？"

"奖励！先生。"学生们迅速回答。

"那么奖励什么呢？"

有的提议赏给他一套衣服，有的说赠送一笔钱，这些无一打动塞伯斯蒂的心弦。有个学生说："今日先生心情愉快，塞伯斯蒂，请求自由吧。"

塞伯斯蒂抬头望着穆律罗的脸庞：

"先生，请给我父亲自由！"

穆律罗听后深为感动，深情地对塞伯斯蒂说：

"你的画笔显露出你的非凡才能；你的请求表明你心地善良。从现在起，你不再是奴仆，我收你为我的儿子，行吗？……我穆律罗多幸运啊，竟然造就出一位了不起的画家！"

时至今日，在意大利收藏的名画中，仍能看到许多穆律罗和塞伯斯蒂笔下的优美作品。

心灵感悟

地位身份的差异并不能阻挡人们追求艺术的步伐，只有用心灵祭奠艺术的人们才能真正承载艺术殿堂的光辉。即使生活在黑暗当中，他们也能用心涂抹出明亮的色彩。

坚持的力量

自尊自爱，作为一种力求完善的动力，是一切伟大事业的渊源。

——屠格涅夫

一位黑人母亲带女儿到伯明翰买衣服，一位白人店员挡住女儿，不让她进试衣间试穿，傲慢地说："此试衣间只有白人才能用，你们只能去储藏室里一间专供黑人用的试衣间。"可母亲根本不理睬，她冷冰冰地对店员说："我女儿今天如果不能进这间试衣间，我就换一家店购衣！"女店员为留住生意，只好让她们进了这间试衣间，自己则站在门口望风，生怕有人看到。那情那景，让女儿感触颇深。

有一次，女儿在一家店里摸了摸帽子而受到白人店员的训斥，这位母亲再次挺身而出："请不要这样对我的女儿说话。"然后，她对女儿说："康蒂，你现在把这店里的每一顶帽子都摸一下吧。"女儿快乐地按母亲的吩咐，真把每顶自己喜爱的帽子都摸了一遍，那个女店员只能站一旁干瞪眼。

对这些歧视和不公，母亲对女儿说："记住，孩子，这一切都会改变的。这种不公正不是你的错，你的肤色和你的家庭是你不可分割的一部分，这无法改变也没有什么不对。要改变自己低下的社会地位，只有做得比别人好、更好，你才会有机会。"

从那一刻起，不卑不屈成了女儿受用一生的财富。她坚信只有教育才能让自己获得知识，做得比别人更好：教育不仅是她自身完善的手段，还是她捍卫自尊和超越平凡的武器！

后来，这位出生在亚拉巴马伯明翰种族隔离区的黑丫头，荣登"福布斯"杂志"2004年全世界最有权势女人"宝座，她就是美国国务卿赖斯。

赖斯回忆说："母亲对我说，康蒂，你的人生目标不是从'白人专用'的店里买到汉堡包，而是，只要你想，并且为之奋斗，你就有可能做成任何大事。"

心灵感悟

自尊是一种神奇的品质，就像品德之母，它能有效调动其他诸多才能和品德，促使一个人不断向上发展、不致堕落。

奇迹由自己创造

让我们建议处在危机之中的人：不要把精力如此集中地放在所涉入的危险和困难上，相反而要集中在机会上——因为危机中总是存在着机会。

——卡罗琳

有一位名叫维西亚的美国女孩，她的父亲是华盛顿有名的银行家，母亲在一家声誉很高的大学担任教授。她的家庭对她有很大的帮助和支持，她完全有机会实现自己的理想。她从念中学的时候起，就一直梦寐以求地想当一名演员。她觉得自己具有这方面的才干，因为每当她和别人相处时，即使是生人也都愿意亲近她并和她长谈。她的朋友们称她是他们的"亲密的随身精神医生"。她自己常说："只要有人愿给我一次上电视的机会，我相信一定能成功。"

但是，她为达到这个理想而做了些什么呢？其实什么也没有！她在等待奇迹出现，希望一下子就当上一名演员。

维西亚不切实际地期待着，结果什么奇迹也没有出现。

谁也不会请一个毫无经验的人去担任一名演员，而且电视剧的导演也没有兴趣跑到外面去搜寻天才，都是别人去找他们。

　　另一个名叫麦迪亚的女孩却实现了维西亚的理想，成了著名的演员。她不像维西亚那样有可靠的经济来源，也没有坐等机会出现。她白天去做工，晚上在大学的舞台艺术系上夜校。毕业之后，她开始谋职，跑遍了加利福尼亚每一家电影公司和电视剧创作中心。但是，每个地方的经理对她的答复都差不多："不是已经有几年经验的人，我们不会雇用的。"

　　但是，她不愿意退缩，也没有等待机会，而是走出去寻找机会。她一连几个月仔细阅读有关演艺界的杂志，最后终于看到一则招聘广告：阿肯色州有一家不出名的电视剧组招聘一名化妆人员。

　　麦迪亚是加州人，不喜欢北方。但是，有没有阳光，是不是下雨都没有关系，她希望找到一份和演员有关的职业，干什么都行！她抓住这个工作机会，动身到阿肯色州。

　　麦迪亚在那里工作了两年，最后在洛杉矶的一家电影公司找到了一个工作。又过了5年，她的演技越来越高，进入了好莱坞，成了一名大牌明星。

心灵感悟

　　"天下没有免费的午餐！"一切成功都要靠自己努力去争取。找到自己的方向，明确自己真正需要的是什么，就能够迎来机会。

积极的态度

内容充实的生命就是长久的生命。我们要以行为而不是以时间来衡量生命。

——小塞涅卡

坎贝尔教授曾把毕业班的一个学生的成绩打了个不及格，这个打击实在很大。因为那个学生早已做好毕业后的各种计划，现在不得不取消，真的很难堪。他只有两条路可走：第一是重修，下年度毕业时才拿到学位。第二是不要学位，一走了之。

在知道自己不及格时，他一定很失望，甚至对坎贝尔教授不满。

正如坎贝尔教授所料，这位学生真的理论来了。坎贝尔说他的成绩太差以后，这位学生自己也承认对这一科下的工夫不够。

"但是，"他继续说，"我过去的成绩都在中等水平以上，你能不能通融一下，重新考虑呢？"坎贝尔明确表示办不到，因为这个成绩是经过多次评估才决定出来的。坎贝尔又提醒他，学籍法禁止教授以任何理由更改已经送交教务处的成绩单，除非这个错误确实是由教授造成的。

知道真的不能改以后，这位学生显然很生气。"教授，"他说，"我可以随便举出本市五十个没有修过这门课照样成功的人。你这科有什么了不起！干吗让我因为这一科就拿不到学位？"

他发泄完了以后，坎贝尔静默了大约四十五秒钟。他知道避免吵架的好方法就是暂停一下。

然后，坎贝尔才对这位学生说："你说的大部分都很对，确实有许多知名人物几乎不知道这一科的内容。你将来很可能不用这门知识就获得成功，你也可能一辈子都用不到这门课的知识，但是你对这门课的态度却对你大有影响。"

"你是什么意思？"他反问道。

坎贝尔回答他说："我能不能给你一个建议呢？我知道你相当失望，我了解你的感觉，我也不会怪你。但是请你用积极的态度来面对这件事吧。这一课非常非常重要，如果不由衷培养积极的心态，根本做不成任何事。请你记住这个教训，五年以后就会知道，它是使你收获最大的一个教训。"

几天以后，坎贝尔知道这位学生又去重修时，真的非常高兴。这一次他的成绩非常优异。过了不久，他特地向坎贝尔致谢，让坎贝尔知道他非常感激以前那场争论。

"这次不及格真的使我受益无穷。"他说，"看起来可能有点奇怪，我甚至庆幸那次没有通过。"

心灵感悟

我们对自己的未来要充满希望，对生活永远要保持积极乐观的态度，要用微笑面对所有困难与挫折！这样才是真正的自己，才是那个永远充满活力、充满激情、充满梦想的晴天！

相信自己

自信，是使人走向成功的第一秘诀。

——爱默生

还记得4分钟跑1英里的故事吗？这个故事从古希腊时代就开始流传了。据说，当时的人们为了达到这个速度，有的奔跑者尝试着喝下了真正的虎奶，还有的人居然让狮子去追赶奔跑者，以为这样就能使他跑得更快。然而，这些都没有用。于是，人们便断言，这是人类不可能达到的目标。这种认识延续了几千年，人们几乎都相信，在4分钟内跑完1英里是人的生理条件所不能承受的，因为人类的骨骼结构不行，肺活量不够，空气的阻力又太大……理由有成千上万条。

然而有一个人，他独自证明了所有科学家、教练员、运动员以及在他之前尝试过但没有获得成功的数以万计的人都错了，他就是罗杰·班尼斯。奇迹中的奇迹是，当罗杰突破了4分钟跑完1英里的目标后，立刻就有另外37人打破了这一纪录；而一年后，能在4分钟内跑完1英里的运动员已经达到了300个！

几年前，我站在纽约1英里跑的终点上，亲眼目睹了参加比赛的13名运动员都达到了4分钟跑完这一路程的速度；换言之，即使是跑得最慢的选手也做到了这个在数十年前被人们认为是不可能的事。

这到底是怎么回事呢？训练技术并没有获得突破性的进展，人类的骨骼也没有在一夜之间获得了改善，但是，人们的态度却发生了改变。

想一想石匠吧，他在一块岩石上凿打了100次，可能不会在石块上留下多少痕迹；但在第101下时，那石块却分裂成两半了。这当然不仅仅是那最后一凿的缘故，而是先前他的每一次凿打都在发挥着作用。倘若你定下了一个目标，你就应该能够完成它。谁能够断言你干得不比你的对手更顽强、更漂亮、更出色而且更有才华呢？就是有人说你不行，那也没有关系。关键在于，而且这是最关键的，你必须相信你自己能行。

在罗杰之前，人们只相信专家，而罗杰却相信自己……他为此而改变了所有人的态度。从某种意义上来说，是改变了整个世界。如果你也能相信你自己，那么你就能达到你想达到的任何目标。因此，不要退缩，在任何时候都不要。

心灵感悟

自信是人们事业成功的阶梯和不断前进的动力。在这个世界上没有什么做不到的事情，只有想不到的事情，只有相信自己，才能激发进取的勇气，才能感受生活的快乐，才能最大限度地挖掘自身的潜力。

热情和冒险

> 卓越的人，是在思想上或行为上最能追求、最能冒险的人。
>
> ——居友

你可能会认为一位50岁的女士买辆摩托车是在冒傻气。但是，贝莎却决定这样做了。

"买它到底干什么？"亲戚、朋友不满地问。

"去探路。"贝莎告诉他们。

"开着小车照样可以做同样的事情。"他们说。

"是的，但我怎能随时停车，去欣赏遍地的野花和去倾听小溪的私语呢？"贝莎回答说。

"你会出事的。"他们说。

"也许会这样。但这正是我还未驾过轻骑的原因。你可以自由自在地驾驶小车，但你也未必就不会被抛向空中，就像斗牛士在牛角上一样。"贝莎用自己的理由回答他们的好心。

为了好好练习一番，就得找块安全地。贝莎发现了一条石板小径，在周末期间，她常独自享有这条小路。每当她对摩托车发烦时，便下车

271

慢悠悠地转一圈，尔后便开足马力返回。驾驶技术每天都有些长进，贝莎驱车慢行时，常常乐得哈哈大笑，没想到这样无忧无虑自由地闯入风中，会是这般兴奋。

有一天，贝莎冒险驶到离村庄两英里远的河边，支好车架，便拎了一包菜到河边喂鸭子。一会儿，隐隐约约感觉到有人在盯着摩托车，突然，她的胳膊被碰了一下。

贝莎回头一瞥，原来是两个小孩。其中一个向伙伴点了一下头，说："我们想用我们的自行车换你的这个。"

贝莎笑了，但一张充满稚气的小胖脸和一张生有雀斑的脸却十分严肃。她认真答道："这是一个慷慨的建议，但我一人用不了两辆自行车。"

他们点点头，表示能理解。

邻居们似乎也产生了兴趣。贝莎骑车经过他们时，他们微笑着招手致意："可好？"头一次，她以为是因为自己的头盔，变色镜、长手套和身着皮夹克的"全副武装"模样看起来很有趣。但此后，她从他们脸上看到的，都是热情和对冒险行为的羡慕。

当然，骑摩托车很危险。贝莎的一位朋友对此最具说服力：她曾骑车摔进水坑，付出了折断胳膊的代价；另外有位寡妇在返校途中，跌入了深坑，因此不敢再出现在讲台上，怕年轻的学生嘲笑。

但是，贝莎却始终乐此不疲，并从中得到了很多的乐趣。

心灵感悟

如同磁铁吸引四周的铁粉，热情也能吸引周围的人，改变周围的情况。满怀热情去做一件看似冒险的事，你会从中得到只有自己才能体会到的乐趣。

信仰的力量

　　信念是由一种愿望产生的，因为愿意相信才会相信，希望相信才会相信，有一种利益所在才会相信。

——斯特林堡

　　海伦·凯勒从小双目失明，又聋又哑，她靠用手触摸、用嘴尝味、用鼻嗅闻，来熟悉周围黑暗沉寂的世界。海伦·凯勒在精神上不屈服于这种清冷生活。由于连诅咒和抱怨都不可能，她只好用身体的剧烈晃动对父母和周围的人发脾气，来说明她心灰意冷的心境。看来她命中注定要在与世隔绝的无声世界里绝望地度过一生。

　　可是，一个卓越非凡的年轻女子闯进了她的生活，此人可以看做生活中的强人，她就是安妮·沙利文。

　　海伦·凯勒的父母雇用了她，让她来排除女儿的孤独、抚平她的怒气，因为这一切已让他们心灰意冷、垂头丧气。安妮·沙利文完全意识到自己的困难，也意识到自己的任务几乎毫无希望可言，可是她仍暗下决心去教这个孩子，让她同自己无法到达的世界进行交流。这是同明显不可能的事情进行的一场较量，其挫折和失望能让最坚强的人气馁、却步，可是她却默默忍受下来，而且数月一直如此。

突然有一天，当太多的失望令人灰心丧气，而希望好像永远不会降临时，海伦发出了一声表示理解的声音，这一切都出乎人们的意料之外，她在作出第一个反应后，就像蓓蕾一样开放了。

海伦·凯勒的潜能被心中的另一个信仰所挖掘而开始开发，她进展缓慢、饱受痛苦，有时停滞不前，但她继续努力，终于成为世界各国尊敬的作家、演说家和坚毅勇敢的光辉榜样。

心灵感悟

不管在生活中还是工作中，都难免遇到挫折，一方面要积极寻求摆脱困境的办法；另一方面还要坚信：没有涉不过的水，没有翻不过的山，终有日出云开的时候，明天必将迎来灿烂的曙光。

内心最重要

我们应该看透人们的内心，甚至看到他们的真诚。

——切斯特顿

闹钟响了，又是一个星期天的早晨。布朗本来可以好好睡一个懒觉，但是有一种强烈的罪恶感驱使他起身去教堂做礼拜。

布朗洗漱完毕，收拾整齐，匆匆忙忙赶往教堂。

礼拜刚刚开始，布朗在一个靠边的位子上悄悄坐下。牧师开始祈祷了，布朗刚要低头闭上眼睛，却看到邻座先生的鞋子轻轻碰了一下他的鞋子，布朗轻轻地叹了一口气。

布朗想："邻座先生那边有足够的空间，为什么我们的鞋子会碰在一起呢？这让他感到不安，但邻座先生似乎一点儿也没有感觉到。"

祈祷开始了："我们的父……"牧师刚开了头。布朗忍不住又想："这个人真不自觉，鞋子又脏又旧，鞋帮上还有一个破洞。"

牧师在继续祈祷着，"谢谢你的祝福！"邻座先生悄悄地说了一声，"阿门！"布朗尽力想集中心思祷告，但思绪忍不住又回到了那双鞋子上。他想："难道我们上教堂时不应该以最好的面貌出现吗？他扫了一眼地板上邻座先生的鞋子想，邻座的这位先生肯定不是这样。"

祷告结束了，唱起了赞美诗，邻座先生很自豪地高声歌唱，还情不自禁地高举双手。布朗想，主在天上肯定能听到他的声音。奉献时，布朗郑重地放进了自己的支票。邻座先生把手伸到口袋里，摸了半天才摸出了几个硬币，"叮喵喵"放进了盘子里。

牧师的祷告词深深的感动了布朗，邻座先生显然也同样被感动了，因为布朗看见泪水从他的脸上流了下来。

礼拜结束后，大家像平常一样欢迎新朋友，以让他们感到温暖。布朗心里有一种要认识邻座先生的冲动。他转过身子握住了邻座先生的手。

邻座的先生是一个上了年纪的黑人，头发很乱，但布朗还是谢谢他来到教堂。邻座的先生激动得热泪盈眶，咧开嘴笑着说："我叫查理，很高兴认识你，我的朋友。"他擦擦眼睛继续说道："我来这里已经有几个月了，你是第一个和我打招呼的人。我知道，我看起来与别人格格不入，但我总是尽量以最好的形象出现在这里。星期天一大早我就起来了，先是擦干净鞋子、打上油，然后走了很远的路，等我到这里的时候鞋子已经又脏又破了。"布朗忍不住一阵心酸，强忍下了眼泪。

邻座先生接着又向布朗道歉说："我坐得离你太近了。当你到这里时，我知道我应该先看你一眼，再问候你一句。但是我想，当我们的鞋子相碰时，也许我们就可以心灵相通了。"

布朗一时觉得再说什么都显得苍白无力，就静了一会儿才说："是的，你的鞋子触动了我的心。在一定程度上，你也叫我知道，一个人最重要的是他的内心，不是外表。"

还有一半话布朗没有说出来，这位老黑人是怎么也不会想到的。布朗从心底深深地感激他那双又脏又旧的鞋子，是它们深深触动了自己的灵魂。

心灵感悟

人们必须明白生存的意义，让爱流入到我们每个人的心灵。爱和尊重给我们以内心的温暖和活力，使我们能真诚地去面对人生。

再坚持一下

毅力是永久的享受。

——布莱克

老亨利是个让周围人羡慕的人物，他是一家大公司的老板。但他年过七十仍不愿意在豪宅里享清福，每天到公司来巡视。

老头挺古怪，有时会悄悄溜到某个办公室门前，将耳朵贴在门缝上；有时还会突然将门推开，弄得里边的人十分尴尬，他却哈哈大笑。老亨利对员工很和善，从不发脾气，看见有人工作没做好，他就会用手拔出含在嘴里的大雪茄，说："伙计，没关系，别灰心，再坚持一下，准能成功。"说完还拍拍对方的肩膀。他这种做法很得人心，公司上下都十分卖劲儿地工作，谁也不偷懒，这样财富又滚滚流入老亨利的腰包。

一天，新产品开发部经理马克向老亨利汇报："董事长，这次试验又失败了，我看就别搞了，都第二十三次了。"马克皱着眉，削瘦的脸上神情十分沮丧。在房间的那边，老亨利唯一的孙子戴维正坐在安乐椅上，翻弄着一本彩色画报。老亨利十分宠爱戴维，可令他头疼的是，戴维什么都喜欢，唯独不喜欢学习。

"年轻人，别着急，坐下。"老亨利指了指椅子，"有时候事情就是这样，你屡干屡败，眼看没有希望了，但坚持一下，没准就能成功。"老亨利将一支雪茄塞进嘴里。

"董事长，我真没办法了，您是不是换个人？"马克的声音有些沙哑。

"马克，你听我说，我让你做，就相信你能做成功。来，我给你讲个故事。"老亨利吸了一口雪茄，嘴里吐出烟圈。他眯着眼睛开始讲起来：

"我也是个苦孩子，从小没受过教育，但我不甘心，一直在努力。终于在31岁那年，我发明了一种新型节能灯，这在当时可是个不小的轰动。

但我是个穷光蛋，要进一步完善还需要一大笔资金。我好不容易说服了一个私人银行家，他答应给我投资。可我这个新型节能灯一投放市场，其他灯就会没销路了，所以有人暗中千方百计阻挠我成功。但我不管，我有我的理想。我没想到，就在要与银行家签约的时候，我突然得了胆囊炎，住进了医院。大夫说我必须做手术，不然有危险。那些灯厂的老板知道我得病的消息就在报纸上大造舆论，说我得的是绝症，骗取银行的钱来治病。这样一来，那位银行家也半信半疑，不准备投资了。更严重的是，有一家机构也正在加紧研制这种节能灯，如果他们抢在我前头，我就完蛋了！当时我躺在病床上万分焦急，没有办法，只能铤而走险，先不做手术，如期与那位银行家见面。

见面前，我让大夫给我打了麻药。在办公室见面时，我忍住疼痛，装作没事似的，和银行家拍肩握手，谈笑风生。但时间一长，麻药劲过去了，我的肚子跟刀割一样疼，后背的衬衣都让汗水湿透了。我咬紧牙关，继续和银行家周旋，我心里只剩下一个念头：再坚持一下，成功与失败就在能不能挺住这一会儿。病痛终于在我强大的意志力下低头了，自始至终，在银行家面前，我一点破绽也没露，完全取得了他的信任，最后我们终于签了约。我送他到电梯门口，脸上还带着微笑，举手向他告别。电梯门刚一关上，我就扑通一声倒在地上，失去了知觉。隔壁的医生早就准备好了，他们冲过来，用担架将我抬走。后来据医生说，当

时我的胆囊已经积脓，相当危险！知道内情的人都佩服我这种精神。我呢，就靠着这次成功一步步走到现在。"

老亨利一口气将故事讲完，他的头靠在皮椅上，手指夹着仍在冒烟的半截雪茄，闭起了双眼，仿佛沉浸在对往日的回忆中。这时屋里静极了，只有墙上大挂钟的滴答声。戴维不知什么时候凑过来，歪着头聚精会神地听着。马克确实被老亨利的故事感动了。

"董事长，您刚才讲得太动人了，从您身上我真的体会到了再坚持一下的精神。我回去重新设计，不成功，誓不罢休！"马克挺着胸，攥着拳，脸涨得通红，说话的声音都有些颤抖了。

这时，在一旁的戴维突然从沙发上一跃而起，跑到爷爷的办公桌前，专心致志地写起字来。老亨利看孙子今天破天荒地拿起笔写字，心里乐开了花。也微笑着对马克说："你看，现在我孙子也知道努力了。他考艺校总差几分，显然我那'再坚持一下'的思想也感染了他。"

"爷爷，我听了您的故事特受启发。"戴维抬起头认真地说，"我给班里的珍妮已写了103封信，但她一封也没给我回。我都灰心了，可您那'再坚持一下'的精神鼓励了我，我现在写第104封信，希望这次能够成功。"

心灵感悟

生活中充满了机遇，但不是每一个抓住机遇的人都会获得成功；面对挫折，更多的人选择了放弃；如同马拉松长跑，只有坚持到终点的人才是胜者。

第九篇
自理自律

一分钟都不要浪费

时间是个常数，但对勤奋者说来，是个变数，用"分"计算时间的人，比用"时"来计算时间的人，时间多59倍。

——雷巴柯夫

卡尔·华尔德曾经是美国近代诗人、小说家和出色的钢琴家爱尔斯金的钢琴教师。有一天，他给爱尔斯金教课的时候，忽然问他："你每天要练习多少时间钢琴？"

爱尔斯金说："大约每天3~4个小时。"

"你每次练习，时间都很长吗？是不是有个把钟头的时间？"

"我想这样才好。"

"不，不要这样！"卡尔说，"你将来长大以后，每天不会有长时间的空闲的。你可以养成习惯，一有空闲就几分钟几分钟地练习。比如在你上学以前，或在午饭以后，或在工作的休息余闲，5分钟、5分钟地去练习。把小的练习时间分散在一天里面，如此则弹钢琴就成了你日常生活中的一部分了。"

14岁的爱尔斯金对卡尔的忠告未加注意，但后来回想起来真是至理

名言，事后他得到了不可限量的益处。

当爱尔斯金在哥伦比亚大学教书的时候，他想兼职从事创作。可是上课、看卷子、开会等事情把他白天和晚上的时间完全占满了。差不多有两个年头，他一字不曾动笔，他的借口是"没有时间"。后来，他突然想起了卡尔·华尔德先生告诉他的话。到了下一个星期，他就把卡尔的话实践起来。只要有 5 分钟左右的空闲时间，他就坐下来写作100字或短短的几行。

出乎意料之外，在那个星期的终了，爱尔斯金竟写出了相当多的稿子。

后来，他用同样积少成多的方法，创作长篇小说。爱尔斯金的授课工作虽一天繁重一天，但是每天仍有许多可利用的短短余闲。他同时还练习钢琴，发现每天小小的间歇时间，足够他从事创作与弹琴两项工作。

心灵感悟

　　时间是世界上一切成就的土壤。时间给空想者痛苦，给创造者幸福。不要总是抱怨自己没时间，只要你善于寻找和发现它们，把一点一滴都利用起来，你就会发现自己的生活是多么地充实和富有！

给自我加重

谁能以深刻的内容充实每个瞬间，谁就是在无限地延长自己的生命。

——库尔茨

一艘货轮卸货返航，在浩瀚的大海上，突然遭遇巨大风暴。

老船长果断下令："打开所有的船舱，立刻往里面灌水。"

水手们担忧："险上加险，不是自找死路吗？"

船长镇定地说："大家见过根深干粗的树被暴风刮倒吗？被刮倒的往往是没有根基的小树。空船时，最容易发生危险，船在负重的时候，才是最安全的。"

水手们半信半疑地照着做了，虽然暴风巨浪依旧那么猛烈，但随着货仓里的水越来越满，货轮渐渐地平衡了。

再来看下面的这个故事：

一个黑人小孩在他父亲的葡萄酒厂看守橡木桶。每天早上，他用抹布将一个个木桶擦拭干净，然后一排排整齐地摆放好。令他生气的是，往往一夜之间，风就把他排列整齐的木桶吹得东倒西歪。

小男孩很委屈地哭了。父亲摸着男孩的头说："孩子，别伤心，我

们可以想办法去征服风。"

于是小男孩擦干了眼泪坐在木桶边想啊想啊，想了半天终于想出了一个办法，他去井上挑来一桶一桶的清水，然后把它们倒进那些空空的橡木桶里，然后他就忐忑不安地回家睡觉了。

第二天，天刚蒙蒙亮，小男孩就匆匆爬了起来，他跑到放桶的地方一看，那些木桶一个个排列得整整齐齐，没有一个被风吹倒的，也没有一个被风吹歪的。小男孩高兴地笑了，他对父亲说："木桶要想不被风吹倒，就要加重木桶自身的重量。"男孩的父亲赞许地微笑了。

心灵感悟

在这样一个纷繁拥挤的世界获得属于自己的一方天地，必须要懂得如何稳固自己。主动给自我加压加重，是一个人不被打翻的最佳方式。明白了这一点，再也没有什么能够动摇你。

贵在专心

我曾经接触过世界上许多大人物，但我从没见过被人斥责之后，比被人称赞之后，更能把事情做好的人。

——查尔斯·休瓦夫

杰森生长在一个好家庭里，他家住在高级住宅区，爸妈很爱他，他有两个哥哥和一个姐姐。家里的孩子们在学校的课业成绩都很好，也很得人缘。杰森要什么有什么，是个快乐的小男孩，但是他很调皮。虽然他不是个专门制造麻烦的坏孩子，但是他总是做些愚蠢的事情。

杰森一年级的时候，学校老师就把他放到特殊教育的班级里去。他们不让杰森上正常的班级。上了初中之后，大家帮他冠上一个"大麻烦"的封号。上了高中，虽然杰森没接受过正式的测验，但是每个人都说他患了注意力涣散症。更糟糕的是，他的老师常常把他赶出教室。第一张成绩单里只有一个丙，其他都是丁。

一个星期天，杰森全家在一个乡村俱乐部吃早餐。那时候刚好有个老师也在那里，他停下脚步，对他们全家人说："杰森最近表现很好，我们都很高兴。"

"老师，你一定搞错了。你是在说别的学生吧？"杰森的爸爸说，"我们家杰森真没用。他总是惹麻烦，连我们都很不好意思，也不知道

到底是为什么。"

老师离开后，杰森的妈妈说："杰森已经一个月没出差错了。他现在每天都很早去上学，晚上念书也念到很晚。究竟是怎么一回事？"

学校每两个月就考试一次，那时候第二次考试的时间刚好到了。杰森的爸妈和往常一样，知道杰森又要拿很低的学业成绩了，而且他的操行成绩也不会好到哪里去。但是，杰森这次得了4个甲、3个乙，还获得了荣誉市民的奖章。杰森的爸妈真的搞不清楚，为什么杰森的表现突然变好了。

"你考试看的谁的答案？"爸爸挖苦杰森。

"我自己念的。"杰森很谦虚地回答。

杰森的爸妈还是很迷惑，对他给的答案也不太满意。爸妈决定带着杰森到学校去见校长。校长却向杰森的爸妈保证杰森说的话是真的，并直夸奖他的表现真的很好。

"我们最近来了一个新的辅导老师。这位新老师好像在某方面很令杰森感动。"校长说，"现在杰森更尊重自己，考试也考得很好。我想你们应该见见这位老师。"

杰森和爸妈到那位老师的办公室去找她。可是，那位老师的头一直埋得低低的，停了好一会儿才发现有访客。她一注意到他们，便立刻站起来，用手做了好多手势。

"她在做什么？"杰森的爸爸有点生气地说，"手语吗？为什么？她听不见吗？"

"这就是她伟大的地方。"杰森边说，边在他们身边跳来跳去，"爸爸，我们的老师不仅仅用耳朵听，她还会用心去听！"

心灵感悟

人只要用心去做，就一定会作出连自己也感到吃惊的成绩。脆弱或者残缺的人，只要把全部精力集中倾注在唯一的目的上必将成功。

没时间忧虑

辛勤的蜜蜂永没有时间悲哀。

——布莱克

马利安·道格拉斯的家里曾遭受过两次不幸。

第一次，他失去了五岁的女儿，一个他非常钟爱的孩子。

他和妻子都以为他们没有办法忍受这个打击。更不幸的是，十月后，他们又有了另外一个女儿——而她仅仅活了五天。

这接二连三的打击使人几乎无法承受，这位父亲睡不着，吃不下，无法休息或放松，精神受到致命的打击，信心丧失殆尽。吃安眠药和旅行都没有用。他的身体好像被夹在一把大钳子里，而这把钳子愈夹愈紧。

不过，感谢上帝，他还有一个四岁的儿子。他教给了道格拉斯解决问题的方法。

一天下午，道格拉斯呆坐在那里为自己难过时，儿子问他："爸爸，你能不能给我造一条船？"道格拉斯实在没兴趣，可这个小家伙很缠人，他只得依着儿子。

道格拉斯花费了将近三个小时才造好了一条玩具船。等做好时，他

才发现，这三个小时是他许多天来第一次感到放松的时刻。

这一发现使道格拉斯大梦方醒，使他几个月来第一次有精神去思考。他明白了，如果你忙着做费脑筋的工作，你就很难再去忧虑了。对道格拉斯来说，造船就把他的忧虑整个冲垮了，所以他决定从此使自己不断地忙碌。

第二天晚上，道格拉斯巡视了每个房间，把所有该做的事情列成一张单子。有好些小东西需要修理，比方说书架、楼梯、窗帘、门把、门锁、漏水的龙头，等等。两个星期内，道格拉斯列出了两百多件需要做的事情。

从此，道格拉斯使自己的生活中充满了启发性的活动：每星期两个晚上，他到纽约市参加成人教育班，并参加了一些小镇上的活动，现在任校董事会主席，还协助红十字会和其他机构的募捐，他现在忙得简直没有时间去忧虑。

心灵感悟

经历过不幸的人，也许是幸运的：生活的苦难让他们成长，让他们懂得珍惜。毕竟，无论怎样惨痛的经历都将成为历史中的一个定点。而人生总在向前行进。

注意外在形象

友善的言行、得体的举止、优雅的风度，这些都是走进他人心灵的通行证。

——塞缪尔·斯迈尔斯

班·费德文是美国保险界的传奇人物，被誉为世界上最有创意的推销员。但他刚刚进入保险界时，着装打扮非常不得体，业绩也不好，公司准备辞退他。

班·费德文非常着急，就向公司里的一位成功人士询问，那位成功人士对他说：

"这是因为你的头发理得根本不像推销员，衣服搭配也不协调，看上去非常土气。你一定要记住，要有好的业绩，首先要把自己打扮成一位优秀推销员的样子。"

"你知道我根本没钱打扮！"班·费德文说。

"但你要清楚那是帮你赚钱，你不会多花一分钱。我建议你去找一个专营男装的老板，他会告诉你如何打扮。你这么做既省时间又省钱，为什么不去呢？因为这样更容易赢得别人的信任，赚钱也就更容易了。"那位朋友说。

班·费德文于是马上去了一家高级美发厅，特别理了一个推销员的发型，然后又去了那位朋友所说的男装店，请服装师帮他打扮一下。

服装师认认真真地教班·费德文打领带，又帮他挑西服，以及选择与之相配的衬衫、袜子、领带等。他每挑一样，就解说为什么要挑选这种颜色、式样，还特别送给班·费德文一本如何着装打扮的书。不仅如此，他还对班·费德文讲解了一年中什么时候该买什么样的衣服、买哪种衣服最划算。

从此，班·费德文焕然一新，他的穿着打扮有了专业销售人员的样子，推销起来也更加自信了，他的业绩也因此增加了两倍。

心灵感悟

在属于自己的空间里你可以随性而为，但在工作上则需要考虑他人的利益，因为你在为别人服务。注重形象是对自己的一种赏识，也是对他人的一种尊重。

认识自己

重要的不是环境，而是对环境作出的反应。

——鲍勃·康克林

一个经理，他把全部财产投资在一种小型制造业上。由于世界大战爆发，他无法取得他的工厂所需要的原料，因此只好宣告破产。金钱的丧失，使他大为沮丧。于是，他离开妻子儿女，成为一名流浪汉。他对于这些损失无法忘怀，而且越来越难过。到最近，甚至想要跳湖自杀。

一个偶然的机会，他看到了一本名为《自信心》的小书。这本书给他带来勇气和希望，他决定找到这本书的作者，请作者帮助他再度站起来。

当他找到作者，说完他的故事后，那位作者却对他说："我已经以极大的兴趣听完了你的故事，我希望我能对你有所帮助，但事实上，我却绝无能力帮助你。"

他的脸立刻变得苍白。他低下头，喃喃地说道："这下子完蛋了。"

作者停了几秒钟，然后说道："虽然我没有办法帮助你，但我可以介绍你去见一个人，他可以协助你东山再起。"刚说完这几句话，流浪汉立刻跳了起来，抓住作者的手，说道："看在老天爷的份上，请带我

去见这个人。"

于是作者把他带到一面高大的镜子面前，用手指着镜子说："我介绍的就是这个人。在这世界上，只有这个人能够使你东山再起。除非坐下来，彻底认识这个人，否则，你只能跳到密歇根湖里。因为在你对这个人作充分的认识之前，对于你自己或这个世界来说，你都将是个没有任何价值的废物。"

他朝着镜子向前走几步，用手摸摸他长满胡须的脸孔，对着镜子里的人从头到脚打量了几分钟，然后退几步，低下头，开始哭泣起来。

几天后，作者在街上碰见了这个人，几乎认不出来了。他的步伐轻快有力，头抬得高高的。他从头到脚打扮一新，看来是很成功的样子。"那一天我离开你的办公室时，还只是一个流浪汉。我对着镜子找到了我的自信。现在我找到了一份年薪3000美元的工作。我的老板先预支一部分钱给了我的家人。我现在又走上成功之路了。"他还风趣地对作者说："我正要前去告诉你，将来有一天，我还要再去拜访你一次。我将带一张支票，签好字，收款人是你，金额是空白的，由你填上数字。因为你介绍我认识了自己，幸好你要我站在那面大镜子前，把真正的我指给我看。"

心灵感悟

　　在顺境中，人们所认识的总是别人口中的自己。而在逆境之中，外界的声音往往令人更加不知所措。总要在经历一番彻底的反思之后，才能发现自己的真面目。

冲动的惩罚

人只有得到他人的赞美时，才会体验到生活的意义。

——马洛

有一位犹太教的长老，酷爱打高尔夫球。

在一个安息日，他很想去挥杆，但是教里有规定，信徒在安息日必须休息，什么事都不能做。

可是这位长老手痒得很，非常想玩两杆。等了一会儿，他终于忍不住，决定偷偷去高尔夫球场，心里想着我就打九个洞，打九个洞就好了。由于安息日犹太教徒都不会出门，球场上一个人也没有，因此长老觉得不会有人知道他违反教规。

然而，当长老在打第二洞时，却被天使发现了。天使生气地把长老打球的事告诉给了上帝，说这个长老不守教义，居然在安息日出门打高尔夫球。

上帝听了，就跟天使说他会好好惩罚这个长老。

第三个洞开始，长老打出超完美的成绩，几乎都是一杆进洞。长老兴奋莫名，到打第七个洞时，天使又跑去找上帝说："您不是要惩罚长老吗？为何还不见有惩罚？"上帝说："我已经在惩罚他了。"

　　直到打完第九个洞，长老都是一杆进洞。因为打得实在太稳当了，长老决定再打九个洞。那个天使又去找上帝，说："到底您说的惩罚在哪里？为什么我看不到他受到惩罚呢？"上帝只是笑而不答。

　　打完十八洞，长老每次都是一杆进洞，他的成绩已经超过任何一位世界级的高尔夫球手了。天使看到后，很生气地问上帝："这就是您对长老的惩罚吗？"上帝说："是的，这就是我对他的惩罚。"顿了顿又说，"你想想，他有这么惊人的成绩，以及兴奋的心情，却没有人欣赏到，而且即使他对别人说了，也没有人会相信。这不是最好的惩罚吗？"

　　天使这才明白了上帝对长老的惩罚。

心灵感悟

　　人的天性里，都有得到别人肯定的渴望，你关注他，他会觉得很自豪，并且快乐无比，反之，则是痛苦。

不要出风头

快乐可依靠幻想，幸福却要依靠实际。

——加里宁

拉利·华特斯是一个卡车司机，他毕生的理想是当飞行员。他高中毕业后便加入了空军，希望成为一位飞行员。很不幸，他的视力不及格，因此当他退伍时，只能看着别人驾驶喷气式战斗机从他家后院飞过，他只有坐在草坪的椅子上，幻想着飞行的乐趣。

一天，拉利想到一个办法。他到当地的军队剩余物资店，买了一筒氢气和45个探测气象用的气球。那可不是颜色鲜艳的用于玩赏的气球，而是非常耐用、充满气体时直径达4英尺大的气球。

在自家的后院里，拉利用皮条把大气球系在草坪的椅子上，他把椅子的另一端绑在汽车的保险杆上，然后开始给气球充气。

接下来他又准备了三明治、饮料和一支气枪，以便在希望降落时可以打破一些气球，以使自己缓缓下降。

完成准备工作之后，拉利坐上椅子，割断拉绳。他的计划是慢慢地降落回地面。但事实没有如此。当拉利割断拉绳，他并没有缓缓上升，而是像炮弹一般向上发射；他也不仅是飞到200英尺高，而是一直向上

爬升，直到停在11000英尺的高空！在那样的高度，他不敢贸然弄破任何一个气球，以免失去平衡，在半空中突然往下坠落。于是他停留在空中，飘浮了大约14小时，他完全不知道该怎样回到地面。

终于，拉利飘浮到洛杉矶国际机场的进口通道。一架法美航机的飞行员通知指挥中心，说他看见一个家伙坐在椅子上悬在半空，膝盖上还放着一支气枪。

洛杉矶国际机场的位置是在海边，到了傍晚，海岸的风向便会改变。那时候，海军立刻派出一架直升机去营救；但救援人员很难接近他，因为螺旋桨发出的风力一再把那自制的新奇机械吹得愈来愈远。终于他们在拉利的上方，垂下一条救生索，把他慢慢地拖了上去。

拉利一回到地面便遭到逮捕。当他被戴上手铐时，一位电视新闻记者大声问他："华特斯先生，你为什么这样做？"拉利停下来，瞪了那人一眼，满不在乎地说："人总不能无所事事。"

心灵感悟

做事情想问题都应该遵循实际情况和自身的条件，别只凭借幻想去寻求改变，那样做的后果只能是绝望。不切实际的举动到头来只会伤害自己。

整洁的形象

> 决定一个陌生人的好恶的首要因素是他的形象，一个衣衫
> 得体的人总是能赢得他人的好感。
>
> ——卡耐基

　　莎拉和莫娜是同一天来到一家著名广告公司应聘美编的，单从两个人的作品上看，技术水平不相上下。不过莎拉在思路方面略胜一筹，因为她在佛罗里达做过 3 年这个行当，刚刚回到北方来，经验相对于才出校门的莫娜自然要丰富一些。两个人一起被通知参加试用，而且结果很明确，只能留下一个。

　　莎拉上班时间从来都是一身 T 恤短裤的打扮，光脚踩一双凉拖鞋，也不顾电脑室的换鞋规定，屋里屋外就这一双鞋，还振振有词地说："佛罗里达那儿上班的人都这样，再说我这不是穿着拖鞋吗？"不管是在工作台前画图，还是在电脑前操作，只要活干得顺手，一高兴起来准把鞋踢飞。刚开始，同事们还把她的鞋藏起来，和她开玩笑，后来发现她根本不在乎，光着脚也到处乱跑。

　　相反，莫娜是第一次工作，多少有点拘谨，穿着也像她的为人一样——文静、雅致，还带着少许灵气，她从来不通过怪发型、亮眼妆来

标榜自己是搞艺术的，只是在小饰物上展示出不同于一般女孩的审美观点来，说话温温柔柔的，很可爱。

有一天中午，电脑室的空气中忽然飘出腥臭味道，弄得一班人互相用猜疑目光观察对方的脚，想弄清到底谁是"发源地"。后来，大家发现窗台下面有嗦嗦的响声，原来那里放着一个黑色塑料袋，有胆子大的打开来一看，居然是一大袋海鲜。

众人的目光不约而同地集中在莎拉身上，没想到她坦坦荡荡地说："小题大做，原来你们是在找这个。嗨，这可怪不得我，这里的海鲜只能算是海臭，一点都不新鲜，简直比佛罗里达的差远了。"

这时莫娜端过来一盆水："莎拉姐，把海鲜放在水里吧，我帮你拿到走廊去，下班后你再装走。"

莎拉一边红着脸，一边把袋子拎走了。

结果呢，试用期才进行了两个月，莎拉就背包走人，尽管她的方案比莫娜做得要好，但是老板不想因为留下这样一个太不修边幅的人，而得罪一大批其他雇员。

临走的时候，老板对莎拉说："你的才气和个性都不能成为你搅扰别人心情的原因，也许你更适合一个人在家里成立工作室，但要在大公司里与人相处，处世得体和合作精神是十分重要的。"

心灵感悟

人们可以有自由的个性与随意的生活方式，但在公共场合，首先要尊重别人，尊重他人的自由与个性。一个特立独行的人，不能影响别人的生活方式，否则是不可能受到众人欢迎的。我们尊重别人的目的是赢得别人对自己的尊重。

谨言慎行好处多

不下决心培养思考习惯的人，便失去了生活中最大的乐趣。

——爱迪生

远在1909年，风度优雅的布洛亲王就觉得交往中的谦卑、赞扬和关怀极有必要。布洛亲王当时是德国的总理大臣，而傲慢自大的德国皇帝威廉二世说了一些狂言和一些令人难以置信的话，震撼了整个欧洲大陆，引起了全世界各地一连串的风潮。更为糟糕的是，这位德国皇帝竟然公开这些愚蠢自大、荒谬无理的话。他在英国做客时就这么说，同时不允许伦敦的《每日电讯报》刊登他所说的话。例如，他宣称他是和英国友好的唯一的德国人。他说，他建立一支海军对抗日本的威胁；他说，他独自一人挽救了英国，使英国免于臣服于苏俄和法国之下；他说，由于他的策划，使得英国罗伯特爵士得以在南非打败波尔人；等等。

在一百多年的和平时期，从没有一位欧洲君主说过如此令人惊异的话。整个欧洲大陆立即愤怒起来，英国尤其愤怒，德国政治家惊恐万分。在这种狼狈的情况下，德国皇帝自己也慌张了，并向身为帝国总理大臣的布洛亲王建议，由他来承担一切的责难，希望布洛亲王宣布这全

是他的责任，是他建议君王说出这些令人难以相信的话。

"但是，陛下，"布洛亲王说，"这对我来说几乎不可能。全德国和英国，没有人会相信我有能力建议陛下说出这些话。"

布洛话一说出口，就明白犯了大错。皇帝大为恼火。"你认为我是一个蠢人，"他叫起来，"只会做些你都不会犯的错事！"

布洛知道他应该先恭维几句，然后再提出批评；但既然已经太迟了，他只好采取次一步的最佳方法：在批评之后，再予以称赞。这种称赞经常会产生意想不到的效果。

"我绝没有这种意思，"他尊敬地回答，"陛下在许多方面皆胜我许多，而且最重要的是自然科学方面。在陛下解释晴雨计，或是无线电报，或是伦琴射线的时候，我经常是注意倾听，内心十分佩服，并觉得十分惭愧，自己对自然科学的每一门皆茫然无知，对物理学或化学毫无概念，甚至连解释最简单的自然现象的能力也没有。但是，"布洛亲王继续说，"为了补偿这方面的缺点，我学习了某些历史知识，以及一些可能在政治上，特别是外交上有帮助的学识。"

皇帝脸上露出微笑。布洛亲王赞扬他，并使自己显得谦卑，这已值得皇帝原谅一切。"我不是经常告诉你，"他热忱地宣称，"我们两人互补长短，就可闻名于世吗？我们应该团结在一起，我们应该如此！"

他和布洛亲王握手，并十分激动地握紧双拳说："如果任何人对我说布洛亲王的坏话，我就一拳头打在他的鼻子上。"

心灵感悟

　　谦虚谨慎永远都是那些自以为是的人所欠缺的品质。尤其是有着重要身份地位的人，自己的一言一行都将比普通人富含更多的含义与象征意味。

克制冲动

人要是发脾气就等于在人类进步的阶梯上倒退了一步。

——达尔文

斯坦德是一位经理，一大早起床，发现上班时间快要来不及了，便急急忙忙地开了车往公司急奔。

一路上，为了赶时间，斯坦德连闯了几个红灯，终于在一个路口被警察拦了下来，给他开了罚单。

这样一来，上班更是笃定迟到。到了办公室之后，斯坦德有如吃了火药一般，看到桌上放着几封昨天下班前便已交代秘书寄出的信件，斯坦德更是生气，把秘书叫了进来，劈头就是一阵痛骂。

秘书被骂得颇有莫名其妙的感觉，拿着未寄出的信件，走到总机小姐的座位，又是一阵狠批。秘书责怪总机小姐，昨天没有提醒她寄信。

总机小姐被骂得心情恶劣之至，便找来公司内职位最低的清洁工，借题发挥，对清洁工的工作，没头没脑地，又是一连串声色俱厉的指责。

清洁工底下，没有人可以再骂下去，她只得憋着一肚子闷气。

下班回到家，清洁工见到读小学的儿子趴在地上看电视，衣服、

书包、零食，丢得满地都是，当下逮住机会，便把儿子好好地修理了一顿。

儿子电视也看不成了，愤愤地回到自己的卧房，见到家里那只大懒猫正盘踞在房门口，儿子一时怒由心中起、恶向胆边生，立即狠狠地一脚，把猫给踢得远远的。

无故遭殃的猫，心中百思不解："我这又是招谁惹谁啦？"

这时，斯坦德正好从猫身边走过，谨慎的猫为防止再被人踢，迅速抓了一下斯坦德就溜，可怜的斯坦德被猫抓破了腿。

心灵感悟

处于情绪低潮当中的人们，容易迁怒周遭所有的人、事、物，这是自然而然的。情绪的控制，有待智慧的提升。很简单的三个字："不迁怒！"几千年来，能做到的，又有几人？

愤怒时请闭嘴

> 如果在愤怒时说话，将会做出最出色的演讲，但却会令你终生感到悔恨。
>
> ——安布罗斯·比尔斯

一个人因为一件小事和邻居争吵起来，争论得面红耳赤，谁也不肯让谁。最后，那人气呼呼地跑去找牧师，牧师是当地最有智慧、最公道的人。

"牧师，您来帮我们评评理吧！我那邻居简直是一堆狗屎！他竟然……"那个人怒气冲冲，一见到牧师就开始了他的抱怨和指责，正要大肆指责邻居的不对时，就被牧师打断了。

牧师说："对不起，正巧我现在有事，麻烦你先回去，明天再说吧。"

第二天一大早，那人又愤愤不平地来了，不过，显然没有昨天那么生气了。

"今天，您一定要帮我评出个是非对错，那个人简直是……"他又开始数落起别人的劣行。

牧师不快不慢地说："你的怒气还是没有消除，等你心平气和后再

说吧！正好我的事情还没有办好。"

一连好几天，那个人都没有来找牧师了。牧师在前往布道的路上遇到了那个人，他正在农田里忙碌着，他的心情显然平静了许多。

牧师问道："现在，你还需要我来评理吗？"说完，微笑地看着对方。

那个人羞愧地笑了笑，说："我已经心平气和了！现在想来也不是什么大事，不值得生气的。"

牧师仍然不紧不慢地说："这就对了，我不急于和你说这件事情，就是想给你时间消消气啊！记住：不要在气头上轻易说话或行动。"

心灵感悟

常言道："戒郁制怒，健体延年。"制怒不仅是一种理智的处世态度，更是一种人生智慧的体现。

把身边的事干好

小事成就大事，细节成就完美。

——戴维·帕卡德

一大早，艾尔比就开着小型运货汽车来了，车后扬起了一股尘土。

他卸下工具后就干起活来。艾尔比会刷油漆，也会修修补补，能干木匠活儿，也能干电工活儿，修理管道，整理花园。他会铺路，还会修理电视机。他是个心灵手巧的人。

艾尔比因为上了年纪，走起路来脚步缓慢、沉重，头发理得短短的，裤腿留得很长，他给别人干活。

他的主人有几间村舍，其中有一间被人在夏天租用。每年春天艾尔比把自来水打开，到了冬天再关上。他把洗碗机安置好，把床架安好，还整修了路那边的牲口棚。

艾尔比摆弄起东西来就像雕刻家那样有权威，那种用自己的双手工作的人才具有的权威。木料就是他的大理石，他的手指在上面摸来摸去，摸索什么，别人不太清楚。一位朋友认为这是他自己的问候方式，接近木头就像骑手接近马一样，安抚它，使它平静下来。而且，他的手指能"看到"眼睛看不到的东西。

　　有一天，艾尔比在路那头为邻居们搭建了一个小垃圾棚。垃圾棚被隔成三间，每间放一个垃圾桶。棚子可以从上面打开，把垃圾袋放进去，也可以从前边打开，把垃圾桶挪出来。小棚子的每个门都很好使，门上的合叶也安得严丝合缝。

　　艾尔比把垃圾棚漆成绿色，晾干。一位邻居走过去看一看，为这竟是一个人做的而不是在什么地方买的而感到惊异。邻居用手抚摸着光滑的油漆，心想，完工了。不料第二天，艾尔比带着一台机器又回来了。他把油漆磨毛了，不时地用手摸一摸。他说他要再涂一层漆。尽管大家看来这已经够好的了，但这不是艾尔比干活的方式。经他的手做出来的东西，看上去不像是自家做的。

　　在艾尔比的天地中，没有什么神秘的东西，因为那都是他在某个时候制作的，修理的，或者拆卸过的。保险盒、牲口棚、村舍全是出自艾尔比之手。

　　艾尔比的主人们从事着复杂的商业性工作。他们发行债券，签订合同。艾尔比不懂如何买卖证券，也不懂怎样办一家公司。但是当做这些事的人需要搭建棚子时，他们就去找艾尔比，或找像艾尔比这样的人。他们明白艾尔比所做的是实实在在的、很有价值的工作。

　　当一天结束的时候，艾尔比收拾工具，放进小卡车，然后把车开走了。他留下的是一股尘土，以及至少还有一个想不通的伙伴。这个人纳闷儿，为什么艾尔比做得这样多，可得到的报酬却这样少。

　　然而，艾尔比又回来干活儿了，默默无语，独自一人，没有会议，也没有备忘录，只有自己的想法。

心灵感悟

　　细节最能反映出一个人的修养！当我们不能在学业上出色时可以选择在商业上有所成就。不能做将军，做个优秀的士兵也是一名军人的成功。

后 记

　　读过此书的读者一定注意到了，本书并没有涉及核战争、神造说等当代热门的话题。对于有的人来说，这也许会令他们心里产生一些小小的失望。但是，事实上，为了使孩子培养出良好的性格而进行的道德教育是一项极其特别的工作，现在，让孩子们去讨论一些大而难的有道德争议的话题好像还为时过早。在这个严肃的问题上，我们必须要循序渐进，在年少时先埋下美德、友善的种子。道德生活犹如人的日常生活，需要踏实地一步步地朝前走。任何事物都有自己的复杂性。道德伦理也不特殊，任何事物也都有他的基本方面，价值观也是如此。如果教师和父母可以接受，一些棘手的难题可以留到以后处理，但是我可以肯定，受到过道德文字熏陶的人面对难以解决的道德问题时，比那些未受到过道德文字熏陶的人会处于远远有利和理智的位置。因此，一个人的品格的形成与道德文字的教育要早于让他们面对难以解决的棘手问题。

　　这本书汇集了百余篇关于人类美德的广为流传和熟知的信条，它是为所有人精心准备的，无论你的孩子属于哪个国家、有什么样的政治与宗教背景，它讲述的基础是人类所共有的道德，道德被看做一种社会力量，超越了种族和性别的限制。

　　本书在编辑的时候，严格按照精品的要求，入选的每一篇文章都是流传已久的名篇。由于涉及作者较多，截至发稿，主编已与绝大多数作者取得联系。其中极个别文章立意深刻、引人深思，但我们尚未能与作者联系上，又不忍割舍，便收录到本书中。为了保证本书的顺利出版并尊重作者的著作权，特此声明，敬请来电来函，以便付酬。

　　联系方式：北京通商律师事务所张一飞律师

　　地址：北京朝外大街19号华普国际大厦

　　电话：(010)86608778　88876682